차이나 인사이트 2021

CHINA

차이나 인사이트 2021

중앙일보 차이나랩 기획
한우덕 외 지음

INSIGHT

올림

머리말

중국이라는 이웃 나라

중국 관찰 20년, 변화는 상상을 초월한다. 특파원으로 중국을 만났던 1990년대 말, 베이징 거리에는 여전히 마차가 돌아다니고 있었다. 지금 그 거리는 '디디다처(滴滴打車)'라는 인터넷 업체가 장악하고 있다. 특파원 부임 직후 만났던 저장성 이우(義烏)의 한 전동기구 공장 사장은 업종을 자동차 부품으로 바꾸더니 요즘은 비행기 부품 생산이 주력이란다.

중국은 분명 성장하고 있는데, 우리 인식 속 중국의 이미지는 점점 일그러져가고 있다. 사드 때는 그들의 흉측한 민낯을 봤다고 하고, 코로나19 전염병이 중국에서 비롯됐다는 사실을 두고는 '역시 재앙의 근원'이라고 비난한다. 서해 불법 조업 어선의 뻔뻔함에 치를 떤다. 그렇게 중국은 우리에게서 멀어져가고 있다.

'사드 사태' 이후 점점 더 많은 기업이 중국이라는 '함정'에 빠졌다.

다 털리고 철수하는 기업도 나온다. 이전에는 경험하지 못한 '정치 리스크'가 한국 기업의 중국 비즈니스를 몰락의 길로 내몰기도 한다. 그래서 업계에서는 '중국은 우리 기업의 무덤'이라는 얘기도 돈다.

시진핑 등장 이후 중국은 더 거칠어지고 있다. 정치적인 이유로 기업을 치고, 내 편에 서지 않는다는 이유로 압박을 가한다. 그들은 우리가 뭐라 하든 자기들이 세운 목표를 향해 움직여나간다.

그렇다고 돌아설 수는 없는 일이다. 어쨌든 중국은 정치와 경제 등 여러 면에서 우리와 무관할 수 없는 상대이고, 협력하며 살아가야 할 이웃이기 때문이다. 이웃이 싫다고 땅덩이를 다른 곳으로 옮길 수는 없지 않은가. 그럴수록 더욱더 관찰하고, 연구하고, 공부해야 할 대상이 바로 중국이다.

미중 무역전쟁은 우리 기업에 새로운 도전이다. 이 전쟁이 어떻게 끝나든, 중국과 연계된 글로벌 밸류 체인(GVC)은 크게 변하게 되어 있다. 이는 우리의 대중 무역에 치명타가 될 수 있다. 중국 수출 의존도가 30%를 넘는 상황에서 중국과의 경제협력 관계가 '삐끗'하면 우리 경제는 자칫 위험에 빠질 수도 있다.

코로나19는 동아시아의 지정학적 구도를 더욱 극렬하게 뒤흔들어 놓고 있다. 글로벌 역병 속에서도 미중 패권전쟁은 더 극렬해지고 있다. 이 변화에 적절히 대처하지 못한다면 중국은 이전에 보지 못한 더 위협적인 존재로 우리 앞에 나타날 수도 있다.

중국의 변화를 읽어 내고, 그 변화에서 어떤 기회를 찾아야 할지는 이제 우리 후대의 삶까지 좌우할 만큼 중요한 사안으로 등장했다. '장님 중국 만지기'가 될 줄 알면서도 또다시 책을 내는 이유다. 차이나랩에서 일했거나 일하고 있는 후배 기자들과 함께 작업했다. 중국의 변화를 추적하고, 어떻게 그들과 경쟁하고 협력할지를 고민했다. 이전에 출간된 《중국 함정》의 내용을 일부 보완하고, 젊은 기자들의 새로운 시각을 엿볼 수 있는 글을 여럿 추가했다.

이 책이 오늘의 중국이라는 나라와 중국 경제를 이해하는 데 크게 도움이 되기를 바란다.

2020. 12. 10.

한우덕

차례

2 전쟁은 이미 시작되었다

글로벌 경제전쟁의 실상

3 우리는 과연 중국을 알고 있을까

중국 심층 분석

4 중국은 지금
중국 비즈니스 최신 트렌드

5 답은 늘 문제 속에 있다

중국의 길, 한국의 길

'코로나 패러독스'

#1. 죽음의 공포가 엄습했다. 하루 수십 명이 죽어나갔다. 2003년 봄 사스(중증 급성 호흡기 증후군) 때 일이다. 마윈(馬雲) 당시 알리바바 사장이 직원들을 불러 모은다. "사스 역병으로 인해 인터넷이 삶으로 파고들었다. 우리는 이제 소비자 대상 전자상거래를 시작한다. 이름도 정했다. '타오바오(淘寶)'다." 오늘날의 알리바바를 있게 한 B2C 전자상거래 플랫폼 '타오바오왕'은 그렇게 탄생했다.

10여 년 후 알리바바는 뉴욕 증시에 상장했다. IPO(기업공개) 규모 250억 달러. 당시 세계 최대 규모였다. '사스의 산물'인 타오바오는 알리바바를 세계적인 기업으로 키웠고, 알리바바는 줄곧 중국 인터넷 혁명을 주도했다.

#2. 2009년 봄, 이번에는 실업 공포였다. 미국발 세계 금융위기

는 중국 경제를 할퀴고 있었다. 중국 정부는 경기 부양을 위해 대규모 사회간접자본(SOC) 투자에 나섰다. 당시 철도부 대변인이 베이징의 기자들을 불렀다. "SOC 투자의 핵심이 고속철도다. 향후 10년 동안 고속철도 노선을 4만㎞까지 늘릴 계획이다." 고속철도라고는 베이징-톈진(137㎞) 노선 하나뿐인 상황에서 턱도 없는 얘기로 들렸다.

10여 년이 지난 지금 중국의 고속철도 길이는 3만5000㎞다. 지구 한 바퀴를 돌 거리다. 전 세계 고속철도의 절반 이상이 중국에 깔렸다. 고속철도보다는 속도가 늦지만, 시속 200㎞ 이상 달릴 수 있는 둥처(動車)까지 합치면 4만㎞를 훌쩍 뛰어넘는다.

'위기의 패러독스'다. 사스 위기가 중국을 '인터넷 대국'으로 만들었고, 세계 금융위기가 '고속철도 강국'으로 만들었으니 말이다.

자, 또다시 위기다. 코로나19에 미·중 무역전쟁까지 겹치면서 중국 경제는 이전에 겪어보지 못한 어려움에 직면했다. 중국은 과연 이 위기를 극복할 수 있을까? 위기의 패러독스는 이번에도 연출될 것인가?

중국은 위기에 직면하면 국가가 전면에 나선다. 2008년 금융위기 때 중국은 당시 국내총생산(GDP)의 약 13%에 해당하는 4조 위안을 경기 부양 자금으로 쏟아부었다. 그 돈이 가장 많이 투입된 곳이 바로 철도다. 이번에도 다르지 않다. 중국은 코로나19 극복을 위해 SOC 투자 카드를 뽑아 들었다. 그런데 그냥 SOC가 아니라 그 앞에 '신(新)'자를 붙였다. 항만이나 철도와 같은 전통 SOC가 아닌, 말 그대로 새로운 인프라 항목에 돈을 퍼붓겠다고 나선 것이다.

7개 영역을 선택했다. 5G, 인공지능(AI), 빅데이터, 산업인터넷, 고속철도, 특고압 설비, 신에너지 자동차 등이다. 제4차 산업혁명 여건 조성을 위한 인프라를 구축하겠다는 뜻이다.

투자는 구체적이고, 신속하다. 머뭇머뭇하고 있는 우리나라 그린뉴딜 투자와는 다르다. 중국은행 산하 연구기관인 중국은행연구원은 올해 약 1조2000억 위안(약 204조 원)이 신SOC 분야에 투자될 것으로 집계했다. 5G 분야에 약 3000억 위안(약 51조 원), 빅데이터 센터 건립에 800억 위안(13조6000억 원), AI 개발과 전기차 충전소 건설에 각각 300억 위안(약 5조1000억 원) 등이다.

시간표도 명확하다. 5G 분야의 경우 2025년까지 5G 기지국 500만 개를 중국 전역에 깔 계획이다. 이 프로젝트에만 8603억 위안, 우리 돈 약 146조 원이 투입된다.

중앙정부가 나서니 지방정부가 따른다. 상하이 시정부의 경우 지난 5월 2020~2022년 신SOC 투자 시행 방안을 발표했다. 3만4000개의 5G 기지국 설치, 100개 이상의 산업인터넷 공장 건설, 10만 개의 전기자동차 충전소 설립 등 모두 48개 항목이 포함됐다. 이 부문에 2700억 위안(약 45조9000억 원)이 투입된다. 이에 뒤질세라 각 성(省) 정부가 속속 신SOC 프로젝트를 내놓고 있다. 중국 전역에 신SOC 투자 붐이 일고 있다.

기업이 움직인다. 그들은 신SOC 분야에 먹을 떡이 많다는 걸 감각적으로 안다. 5G의 선두 기업인 화웨이뿐만 아니라 텐센트 · 바이두 · 알리바바 · 샤오미 등 주요 IT 기업들이 앞다퉈 신SOC 관련 투자 계획을 발표했다. 텐센트의 경우 지난 5월 26일 "정부의 신SOC 투자에 맞춰 향후 5년 5000억 위안을 투자해 클라우딩, AI, 산업인터넷 등에 중점 투자할 계획"이라고 밝혔다.

기업끼리 손을 잡는다. 알리바바는 바이두와 AI 공동 프로젝트를 진행하고, 화웨이는 음성인식 사업을 위해 이 분야 핵심 기술을 보유하고 있는 커다쉰페이(科大訊飛)와 제휴하는 식이다. 중앙정부와 지방정부, 그리고 기업이 신SOC를 매개로 뭉치고 있다.

중국 대학도 신SOC 투자에 뛰어든다. 제4차 산업혁명의 성패를 가를 인재 인프라 확충에 나선 것이다. 저장(浙江)성은 최근 성내 각 대학의 학과 신설 및 폐지 방안을 발표했다. 첫 번째 기준이 바로 신SOC 분야에 적합한 인재 양성이다. 50개 신설 학과 중 44개가 AI, 로봇공학, 빅데이터 등 제4차 산업혁명 영역에 치중됐다. 대부분의 대학이 그런 식으로 학과를 조정하고 있다.

이공계 최고 명문대학인 칭화대학은 최고 디지털 인재 양성을 위해 특별반을 조직해 운영한다. 지난해 신설된 'AI반(人工智能班)'은 그중 하나다. 흔히 '즈반(智班)'으로 불리는 이 특별반은 모집부터 다르다. 고등학교 때 수학 올림피아드, 물리 경시대회 등 국내외 대회에서 수상한 학생 위주로 선발한다. 물리학과 · 수학과 · 컴퓨터공학과 등의 신입생 중에서 수재를 뽑기도 한다. 세계 어디에 내놔도 뒤지지 않는 AI 전문가로 키운다는 게 교육 목표다.

중국의 시선은 미국을 향한다. 중국은 AI 등 제4차 산업 영역에서 미국을 이기겠다는 야욕을 숨기지 않는다. AI, 빅데이터, 자율주행,

사물인터넷(IoT) 등의 영역을 '새로운 인프라(신SOC)'로 지정하고 정부와 민간이, 그리고 대학이 스크럼을 짜고 달려든다. 코로나 위기가 오히려 신SOC 투자를 자극하는 양상이다. 트럼프 미국 대통령의 공세가 심해질수록 '디지털 경제 생태계를 자력갱생으로 조성해야 한다'는 중국의 열망은 더 커지고 있다.

위기의 패러독스는 이미 시작된 것인지도 모른다.

CHINA
INSIGHT

1

문제는 항상 내 안에 있다

한중 비즈니스의 현실

칭화대의 인재 집합소 '야오반'을 아십니까?

삼성의 과학기술 연구개발 역량은 글로벌 최고급이다. 그런데 서울대 연구 수준은?

글쎄, 뭐~, 음….

'우리에겐 KAIST도 있잖아'라는 말이 나올 법하다. 글로벌 학계에서도 그게 통할까?

글쎄, 뭐~, 음….

서울대와 KAIST가 뛰어나다고 치자. 그럼 그 다음에는? 어떤 다른 대학이 과학기술 연구 분야에서 글로벌 수준에 이르렀다고 할 수 있을까?

글쎄, 뭐~, 음….

"한국 과학기술의 큰 취약점은 대학입니다. 비록 특정 분야지만, 한국 글로벌 기업의 기술 역량은 세계와 겨뤄볼 만합니다. 그러나 대학은 아주 몇 군데를 제외하면 연구 역량이 현저히 떨어집니다."

과학기술정책연구원 백서인 박사의 진단이다. 그는 "한국엔 잘 알려지지 않은 중국의 지방대학 연구진이 세계적 기술을 발명하는 사례가 잦다"고 말한다. 우리 대학의 연구 역량이 중국에도 미치지 못한다는 지적이다.

오늘 중국 대학 얘기 한번 해보자.

칭화대에 재미있는 '조직'이 하나 있다. 이름하여 '야오반(姚班)'. 통상적인 전형에 따라 학생을 선발하는 일반 학과가 아닌, 일종의 특수반이다.

그런데 이 반, 장난이 아니다. 최고의 이공계 수재들만 들어갈 수 있다. 선발부터가 다르다. 수학 올림피아드, 물리 경진대회, 정보 올림피아드 등에서 1, 2등 경력이 있는 고등학생에게 입학 기회가 주어진다. 물리학과, 수학과 등 순수과학 학과 신입생 중에서도 뛰어나다 싶으면 다시 뽑아 반에 편입시킨다.

2018 학번에는 50명을 뽑았다. 이 가운데 각종 과학 경시대회 수상자가 44명이었다. 나머지 6명은 시험 전형을 통해 선발했다. 경시대회에 입상했다고 다 합격하는 건 아니다. 다시 그들만의 전형을 치러야 한다. 대학 입학고사(高考) 점수는 성(省)에서 대략 3등 안에 들어야 입학 가능하다.

그래서 이런 말이 나온다.

"중국의 영재는 칭화대로 몰려들고, 칭화대의 수재는 '야오반'으로 모인다."

'컴퓨터 사이언스 분야 최고 글로벌 인재 양성'이 목표다. 당연히 최고 수준의 교육 프로그램을 운영하고, '글로벌 스타급' 교수를 초빙해 수업을 맡긴다. "돈은 걱정 마라, 좋은 교수만 데려와라"라는 식이다. 학생들은 하버드, 스탠포드 등 미국 주요 대학에서 한 학기 공부할 수 있고, 4학년 때는 아예 홍콩대학에서 수업을 받는다. 물론 학비는 면제다.

2005년 설립 후 지금까지 약 340명의 졸업생이 배출됐다. 이 가운데 202명이 MIT, 스탠포드 등 미국 주요 대학 유학길에 올랐다. 트럼프가 기를 쓰고 쫓아내려 하고 있는 중국 유학생들이 바로 그들이다. 미국으로 유학 갔던 학생 중 50여 명이 미국에 남아 구글 · IBM · 페이스북 등에서 일하고 있다. 10여 명은 대학 교수로 재직중이다.

창업도 활발하다. 안면인식 AI 분야 세계 최고 기술 회사로 평가받고 있는 쾅스(曠視 · Megvii)는 이 학과 졸업생 3명이 만든 회사다. 중국 대학 졸업 시즌이 되면 언론에는 '올해 야오반 졸업생들은 어디로 가나'라는 기사가 꼭 등장한다.

이 반의 정식 명칭은 '컴퓨터 사이언스 실험반(計算機科學實驗班)'이다. '야오반'은 설립자 야오치즈(姚期智 · 74) 교수의 성에서 따온 별명이다.

야오 교수는 독특한 이력을 가졌다. 그가 태어난 건 1946년이었다. 중국에 공산정권이 들어선 후 부모와 함께 대만으로 갔다. 대만 최고 인재가 몰린다는 대만대 물리학과를 졸업한 그는 미국으로 건너가 하버드대(물리학), 일리노이대(컴퓨터공학) 등에서 박사 학위를 땄다.

미국에서의 활동은 휘황찬란했다. 박사 학위를 받은 후 MIT, 스탠포드, 버클리 등 주요 대학에서 교수로 일했다. 1998년에는 미국국립과학원(National Academy of Sciences)의 회원이 됐다. 2000년에는 '컴퓨터학계의 노벨상'으로 통하는 튜링상을 받기도 했다. 미국이 주시하는 컴퓨터 사이언스 전문가가 된 것이다.

그런 그가 2004년 칭화대로 자리를 옮긴다고 발표했다. 미국 학계가 깜짝 놀랐다. 못 가게 막기도 했다. 그러나 야오 교수는 미국에서의 모든 영예를 포기하고 2004년 중국 칭화대학으로 갔고, 2005년 야오반을 만들어 오늘에 이르게 했다.

무엇이 야오를 중국으로 끌어들였을까? 2004년 칭화대의 오퍼는 딱 하나였단다.

'당신이 하고 싶은 것 다 할 수 있게 지원해주겠다.'

서울대라면 가능했을까?

KAIST라면 가능했을까?

야오치즈 교수의 실험은 끝나지 않았다. 그는 지난해 AI 분야 글로벌 인재 양성을 위해 'AI반(人工智能班)'을 또 만들었다. 올해 2기 신입생을 뽑는다. 기본적인 운영 방식은 야오반과 크게 다르지 않다.

'AI반'은 '즈반(智班)'으로도 불린다. 야오치즈 교수의 이름 마지막 글자 '즈(智)'를 딴 별명이다. 컴퓨터 사이언스를 넘어 이젠 AI로, 중국 학계는 벌써부터 '즈반'이 배출할 인재에 주목하고 있다.

유연하다. 아니 파괴적이기까지 하다. 학과 편제를 벗어난 조직도 뚝딱 만든다. 그들은 그렇게 치열하게 미래 인재를 키워내고 있다. 우리는 어떤가?

"한국은 참 쉽다"

베이징에서 만난 샤오미 관계자의 말이다. '한국은 공략하기 쉬운 시장'이라는 얘기다. 더 들어보자.

"시장 진출을 위해 유럽도 가보고, 일본도 가봤다. 쉽지 않더라. 그곳에는 이미 그들이 좋아하는 브랜드 제품이 있다. 성능이 월등했고, 가격도 비싸지 않았다. 그런데 한국은 의외였다. 샤오미에 대적할 만한 제품이 거의 없었다."

무주공산이라고나 할까…. 한국에는 중국의 가성비 제품을 방어할 고유 브랜드 제품이 많지 않다는 설명이었다. 그러니 쉽단다.

실제 그런가?

요즘 히트 상품 중에 '클럭(Klug)' 미니 마사지기라는 게 있다. 깜찍

한 전동 마사지기다. 요즘 인터넷 광고가 많이 눈에 띈다. 필자도 사용한다. 허리, 목, 등 등에 붙이면 시원하다.

그런데 이게 '메이드 인 차이나(Made in China)'다. 제품 설명서를 보면 '본 제품은 항저우(杭州)에서 만들어졌고, 배터리는 둥관(東莞)에서 만들어졌다'라고 적혀 있다.

깔끔한 디자인, 검은색 고급 이미지, 뛰어난 성능, 싼 가격…. 중국 가성비 제품이 어느 정도 우리 생활에 침투하고 있는지를 보여준다.

사례는 많다.

인터넷에서 눈길을 끄는 광고를 하나 발견했다. '안방을 극장으로 만드는 포켓 빔프로젝터'라는 제목의, 소형 빔프로젝터 광고였다. 이런 카피도 제품 사진 옆에 걸려 있었다.

'퇴근 후 삶의 질 수직 상승!'

좋아 보였다. 사고 싶어 클릭했다. 내가 원하는 사양이다. 광고 그대로 퇴근 후 삶의 질을 수직 상승시켜줄 만한 제품이었다. 필자의 소비 심리를 자극하는 더 결정적인 것, 그건 가격이었다.

소비자가 99,000원

판매가 49,800원

"와우! 5만 원도 안 되는 돈으로 안방극장을 만들 수 있다!" 탄성이 나올 수밖에 없다.

그 제품 역시 만든 곳은 중국이다. 상품 일반 정보에는 '제조국: 중국'이라는 표기가 선명하다. 필자의 안방을 채울 중국 가성비 제품이 하나 더 늘었다.

베이징 샤오미 본사의 제품 전시장.
중국의 가성비 혁명을 주도하는 제품들이 전시되어 있다.

사례를 더 들라면 끝도 없다. 인터넷 쇼핑 사이트에 가보면 금방 안다. '샤오미' 브랜드는 모두 곧 우리 시장에 쏟아져 들어올 제품이라고 보면 된다. 우리는 정말이지 중국 가성비 제품이 공략하기에 쉬운 시장이다.

인터넷 해외직구 형태로 들어오는 물량만 매년 2~3배씩 늘어난다. 심지어 코로나 사태로 한중 교역이 급격하게 줄었던 2020년 상반기에도 2배 정도 늘었다. 인터넷에 들어가 보면 안다. 중국 해외직구몰이 허다하다. 네이버도 유혹을 이기지 못한다. 중국 가성비 제품을 해외 시장에 내다 파는 중국 쇼핑몰인 '알리익스프레스'와 검색광고 제휴를 맺었다. 네이버에서도 저 멀리 저장성 이우(義烏)의 허름한 공장에서 생산되는 칫솔을 검색할 수 있다. 쿠팡도, G마켓도 중국에 소싱단을 꾸리며 가성비 제품을 들여올 태세다. 한국 시장의 잠재력을 본 샤오미는 곧 서울에 '가성비 체험 센터'를 열 계획이다.

우리도 우리가 잘하는 분야 특화하면 된다고? 아쉽지만, 아니다. 경쟁우위 분야에 특화해 무역을 하는 전통적 의미의 분업 구조가 통하지 않는다. 모든 상품을 중국이 다 한다. 가성비 콘셉트가 작동하는 한 한국 제품은 모든 분야에서 비교열위가 될 수 있다는 얘기다.

수입 회사를 탓할 건 아니다. 중국 가성비 제품이 한국으로 들어와 팔리는 건 너무도 당연한 경제 흐름이기 때문이다. 수요가 있으면 공급이 있기 마련이다. 소비자는 만족도 높은 제품을 찾아 움직인다. 그걸 막으면 오히려 문제가 된다. 우리도 중국 시장에서 중국 소비자에게 많은 걸 팔고 있지 않은가.

그러나 우리 기업의 피해는 크다. 한국 중소기업 제품은 우리 시장에서조차 쫓겨날 것이다. 13억 생산력이 만든 제품의 가격과 품질을 어떻게 당할 수 있겠는가. 중소기업의 곡소리가 이곳저곳에서 들릴 것이다. 아니 속울음은 이미 비명이 되어 새어 나오고 있다.

중국에서 우선 요인을 찾을 수 있다. 13억 인구의 노동력이 만든 결과다. 생산력은 진화해왔고, 그 진화의 결과가 가성비 제품이다. 샤오미가 '대륙의 실수' 제품을 만들었을 때만 해도 핸드폰 배터리에 국한한 일이겠거니 했다. 그러나 실수는 이젠 거의 전 상품군에서 '가성비 혁명'으로 이어지고 있다.

중국에만 문제가 있는 건 아니다. '한국은 쉽다'라는 현상은 우리가 자초한 일이기도 하다.

5만 원짜리 중국산 빔프로젝터를 보자.

물론 한국에도 있다. 삼성도 만들고 LG도 만든다. 품질로 보자면 최고 성능급이다. 중국산과는 비교가 안 된다. 그러나 '싼값에 퇴근 후 삶의 질을 높일 수 있는 영역'의 제품은 안 만든다. 그 시장은 대기업 영역이 아니라고 본다.

중소, 중견기업이 나서볼 만하지만 시장을 주도할 만한 브랜드는 없다. 경제 구조와 연결된 문제다. 우리나라 중소기업은 대부분 대기업에 '목숨'을 건다. 대기업에 납품해야 큰다. 위만 본다. 옆에 있는 내 시장, 내 소비자에는 눈길을 줄 수 없다.

클럭 역시 마찬가지다. 이런 제품을 만드는 건 중소기업의 영역이다. 기술이 없는 건 아니다. 오히려 우리가 더 잘 만들 수 있다. 그러나 우리 중소기업은 그런 제품 못 만든다.

임금 구조로 볼 때, 아무리 쥐어짜도 우리 중소기업이 중국 기업을 이길 수 없다. 주 52시간도 지켜야 한다. 그러니 시장이 빌 수밖에 없다. 그 시장을 중국 가성비 제품이 치고 들어오고 있는 것이다.

누구를 탓하랴. 한국의 산업, 시장 여건이 바뀌지 않는 한 한국은 오늘도 쉽고, 내일도 쉬운 시장일 수밖에 없다.

한중 수교 28년. 그동안 중국은 내 제품을 소화해주는 시장이었다. 대륙은 우리 기업이 진출해야 할 '개척'의 공간이었다. 그러나 '13억 가성비 혁명'은 그 구조를 뒤바꿀 것이다. 한국은 오히려 그들이 노리는 시장이 되고 있고, 샤오미는 한국 시장을 호시탐탐 노리고 있다. 유통업계에서는 '중국에 뭘 팔기보다는 중국 제품을 한국 시장에 가져와 파는게 더 낫다'라는 말이 나돈 지 오래다. 값싸고 품질 좋은 상품을 사겠다는데 누가 말리겠는가.

많은 이들이 '대중 수출 의존도가 높은 게 문제'라고 말한다. 그러나 거꾸로일 수도 있다. '중국 소비 제품 의존도가 높은 게 문제'라는 말이 머지않아 제기될 것이다. 중국 제조업에 의존해야 한다면, 우리 경제는 중국에 대해 아무런 레버리지도 갖지 못한다. 경제가 무너지면 지정학적 역학을 유리하게 끌어갈 수 없다. 중국이 하자는 대로 그냥 해야 한다.

중국 시장에서는 로컬 기업에 밀려 팔 게 없고, 한국 시장은 중국 기업에 내줘야 할 판이라면? 속국이 따로 있는 게 아니다.

누가 배신자인가

회사 승진에서 밀리더니 결국 찬밥 신세로 전락했다. 개발 분야에서 잔뼈가 굵었지만, 마케팅 부서로 배치됐다. 이사 승진에서 물먹은 반도체 관련 중견기업 간부 얘기다. 그에게 솔깃한 제안이 온다.

'연봉 3배 주겠다는데, 어떠? 자녀 국제학교도 보내준다는디….'

여러분이라면 어떻게 하겠는가?

2014년 가을, 상하이의 한 반도체 관련 회사에서 일하는 한국인 엔지니어 P씨를 만났다. SK의 하이닉스 인수 과정에서 튕겨 나온 그는 중국 회사에 '스카우트'됐다. 빵빵한 연봉, 자녀는 국제학교에 다니고 있었다. 그 중국 회사에는 비슷한 경력의 한국인 직원 4명이 더 있다고 했다.

'이 사람을 통해 한국 반도체 기술이 야금야금 중국으로 흘러들어 가겠구나….'라는 생각을 했다. 기술 유출이다. '당신, 배신자야!'라는 말이 자꾸 입에 맴돌았다.

"당신 같은 사람들이 결국 우리 자식들 밥그릇을 깨버리겠구만…."

그냥 헤어졌다. 누가 그에게 돌을 던질 수 있겠는가. 회사에서 잘리거나 승진이 막혔을 때 다른 직장을 찾는 건 당연한 일이다. 지켜야 할 가족이 있고, 삶이 있다. 그 역시 말도 통하지 않는 이국땅에서 직장 생활을 해야 하는 게 편치 않았을 것이다.

우리 엔지니어의 중국행은 지금도 진행 중이다. 중국의 한국 인재 스카우트는 더 집요하게 계속되고 있다. 반도체와 디스플레이 분야 기술자가 타깃이다.

머니투데이(2020년 5월 6일)에 이런 기사가 나왔다.

"유명 채용 사이트에는 해외 업체가 '대면적 OLED 관련 전문가'를 채용한다는 공고문이 올라왔다. 근무지는 '중국'이고 채용 조건은 '65인치 이상 대형 OLED 패널 분야에서 10년 이상 경험을 쌓은 경력자'다. 급여는 '1억 원 이상'으로 제시됐다. 업계에선 중국 패널 업체가 국내 헤드헌팅 업체를 통해 디스플레이 기술진 스카우트에 나선 것으로 본다."

연봉 1억 원이면 특급 개발자는 아닐 것이다. 그만큼 마구잡이로 데려간다는 뜻이기도 하다.

기사는 이렇게 이어진다.

"중국 업체들은 한국 우수 인력에게 많게는 3배 이상의 연봉을 제시하며 영입한다. 검증된 인력을 확보하는 것이 신기술을 습득하는 지름

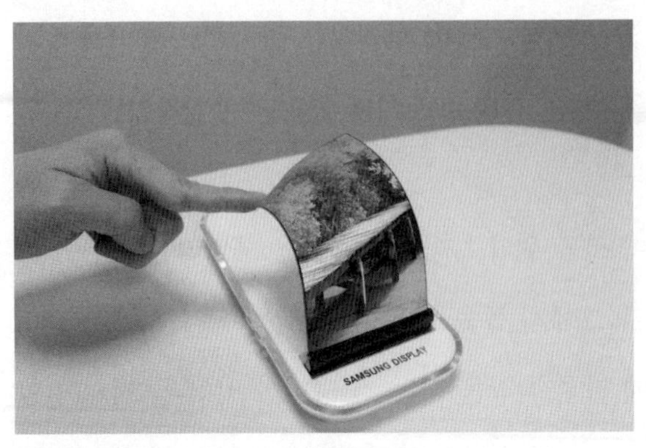

TV 브라운관에서 시작된 한국 디스플레이의 중국 시장 진출은 OLED 기술에까지 이어지고 있다. 이 분야 역시 중국의 추격이 빨라지고 있어 안심할 수 없는 상황이다.

길이기 때문이다."

디스플레이는 한국과 중국의 기술 경쟁을 단적으로 보여주는 분야다. 중국이 추격하면 달아나고, 또 따라오면 다시 도망가고. 숨 막히는 레이스였다.

TV나 컴퓨터에 쓰는 브라운관 모니터가 시작이었다. 1990년대 삼성과 LG의 브라운관은 중국 모니터 시장의 70%를 차지한 적도 있었다. 돈을 엄청나게 벌었다. 그러나 중국이 10여 년 만에 브라운관 기술을 따라잡았다.

2000년대 들어 한국은 LCD로 갈아탔다. 또 10년 더 중국 디스플레이 시장을 마음껏 휘저을 수 있었다. 또다시 중국의 추격이 시작됐고, 10여 년 만에 또 한국을 잡았다.

그러나 그게 끝이 아니었다. 한국의 디스플레이 기술은 OLED로 옮겨가면서 또다시 황금기를 구가하고 있는 중이다. 중국이 가만히 있겠

중국이 반도체, 디스플레이 등 차세대 기술 분야의 인력 확보를 위해
국내 인재 스카우트에 나서고 있다. 기술 유출의 우려도 높아지고 있다.

는가. 또 죽어라 달려든다.

추격은 거칠다. '韓 연봉 3배 준다'라는 머니투데이 기사 제목은 이를 상징적으로 보여준다. 그렇게 그들은 한국 기술자의 머리를 빼간다. 2002년 한국의 TFT-LCD 회사인 하이디스를 인수해 급성장한 BOE가 주역이다. 그래서 업계는 걱정이 크다.

"결국, OLED도 중국에 빼앗기는 거 아녀?"

이쯤 해서 새삼 다시 떠오르는 질문, '우리는 지금 뭘 먹고 사는가?' 기술이다. 한국의 기술이 중국의 생산 능력과 결합해 제3국 시장에 내다 팔았다. 지난 30여 년 그 분업 구조가 우리 경제를 지탱한 큰 동력이었다. 아무리 당신이 중국을 싫어하고, 바이러스 같은 존재라고 욕해도 그 사실이 변하는 건 아니다. 그런 국제분업 구조에서 잘 적응할 수 있었던 건 중국보다 한 수 위의 기술이 있었기 때문이다.

코로나19 사태를 지나면서 한국 디스플레이 업계는 다시 흔들리고 있다. 또다시 구조조정 얘기가 나온다. 그 과정에서 튕겨 나온 엔지니어들에게 '한국 연봉의 3배'는 뿌리치기 힘든 유혹이다. 그들이 다시 중국으로 흘러들어 간다면….

미 · 중 기술 전쟁으로 중국의 반도체 추격은 더 거칠어질 것이다. 한국 반도체 인재에 대한 그들의 '사냥'은 더 광범위하게 진행될 터다. 은밀하고, 집요하게….

기술 인재를 어떻게 지킬 것인가? 이는 우리 아이들 밥그릇과 관련된 문제다. 반도체, 디스플레이에서도 먹을 게 없다면 우리 후대들은 '구걸통' 들고 대륙을 헤매야 할 수도 있다.

역(逆)커플링

황화(黃禍)라는 말이 있다. 영어로 'Yellow Peril'이다. 독일 황제 빌헬름 2세(재위 1888~1918)가 말했단다. 황인종 위협론이다. 일본이 뜰 때는 일본이 공포의 대상이었고, 지금처럼 중국이 굴기할 때는 중국이 '화의 근원'으로 지목되곤 했다.

그 황화가 제대로 발현되는 것인가?

코로나 바이러스와 미·중 신냉전. 서로 상승작용을 하면서 세계 정치와 경제를 위협하고 있다. 그 한가운데 중국이 있다. 왜 그럴까. 중국이 그만큼 글로벌 경제에 깊숙이 파고들었기 때문이다. 2003년 사스 때와 비교해보자.

당시 글로벌 경제에서 중국 경제의 역할은 주로 임가공이었다. 중국은 보잉기 1대를 수입하기 위해 셔츠 1억 장을 만들어 수출하는 나라였다. 사스의 글로벌 충격은 크지 않았다. 월마트가 싸구려 중국산 제품 수입에 차질을 겪었을 정도였다. 별 영향 없이 지나갔다.

지금은 다르다. 중국이 '글로벌 밸류 체인(Global Value Chain, GVC)'의 윗부분으로 올라왔다. 고부가 기술 제품을 만든다는 얘기다.

중국은 핸드폰과 핵심 자동차 부품을 만들어 수출한다. 세계 최고 수준의 고속철을 만들고, 항공기도 생산한다. 셔츠나 자동차 시트만 만들던 나라가 아니다.

2019년 인텔의 중국 판매액은 200억 달러에 달했다. 전체 매출의 약 28%다. 퀄컴은 전체 매출의 47%(약 120억 달러)를 중국에서 거뒀다. 중국은 인텔과 퀄컴의 최고 고객이다. 그만큼 GVC에서의 위치가 높아졌다는 얘기다. 사스 때와는 차원이 다르다.

규모도 커졌다.

사스 때 중국 GDP는 대략 1조 7000억 달러였다. 지금은 14조 달러다. 8배가 넘는다. 경제 규모 세계 2위, 수출로는 글로벌 1위 나라가 됐다. 전 세계 성장의 3분의 1 이상을 견인하는 나라가 바로 중국이다. 그런 중국이 흔들리면 세계 경제가 휘청한다. 전체 수출의 약 3분의 1을 중국에 의존하고 있는 한국은? 말 그대로 '그로기' 상태다.

소비도 방대해졌다.

중국인의 1인당 GDP는 2003년 약 1500달러에서 지금 1만 달러로 증가했다. 그만큼 소비 여력이 커졌다. 2003년 중국의 해외여행객은 고작 700만 명이었다. 지금은 1억 5000만 명(인수)이 해외에서 돈을 뿌린다. 그들이 못 나오니 세계 관광업계에는 찬바람이 밀려온다.

엄청난 속도로 치달리는 중국. 그 옆에 대한민국이 있다. 지금부턴 우리 얘기 해보자.

'중국에 빌붙어 살아야 하는 경제'. 언젠가 그런 날이 올지도 모른다. 한국 기업이 중국 산업의 변두리로 밀려 중국에 빌붙어 살아야 하는 날 말이다. 턱도 없는 얘기라고? 누군들 좋아서 하는 소리겠는가…. 다 같이 한번 생각해 보자.

중국 난징(南京)에 퓨처모빌리티(FMC)라는 전기차 전문 회사가 있다. 2019년 CES에서 세계 자동차 업계를 깜짝 놀라게 한 전기차 '바이튼(BYTON)'을 만드는 회사다. 2020년에는 SUV 모델 'M바이튼'을 선보이기도 했다.

잘나가던 바이튼이 2020년 7월 경영난에 빠졌다. 법정관리 수순을 밟고 있단다. 그런데 이 소식은 엉뚱하게도 한국 군산에 불똥이 튀었다. 그 과정은 이렇다. 바이튼은 국내 자동차 부품 회사인 명신과 손잡고 GM 군산 공장에서 M바이튼을 생산하기로 협약을 맺었다. 생산된 전기차는 모두 한국 시장에 풀 계획이다(조선비즈, 2019. 10. 18 보도). 이 보도대로 진행됐다면 머지않아 한국 거리에서 'BYTON' 브랜드의 전기차를 보게 될 터였다. GM이 활약했던 군산 자동차 단지가 중국 자동차 업체의 한국 시장 전진기지가 되는 셈이다.

바이튼의 군산 진출은 해프닝으로 끝날 가능성이 높다. 그러나 이는 많은 걸 시사한다. 한국 전기차 시장은 이미 BYD 등 중국 메이커의 놀이터가 된 지 오래다. 이렇다 할 우리 제품이 없으니 가성비 높은 중국

'2019 선전 IT 페어'의 삼성전자 부스. VR 체험관이 인기를 끌었다.
제4차 산업혁명에서 밀리면 한국은 '중국의 변두리 경제'로
전락할 수 있다는 위기감이 높아지고 있다.

전기차가 슬금슬금 밀려오고 있다.

무슨 의미일까?

필자는 이를 '역(逆)커플링'이라는 말로 표현한다. '거꾸로 커플링(coupling)'이다.

한국과 중국 경제의 커플링은 1992년 수교 이후 진행돼온 현상이다. 아름다웠다. 우리가 중국에 부품이나 중간재를 팔았고, 중국은 이걸 조립해서 미국에 수출했다. 그 분업 구조를 통해 한국 산업은 성장했고, 기업은 부를 축적할 수 있었다. 삼성이 중국에서 핸드폰을 만들었고, LG가 에어컨을 생산했다. 현대는 자동차 공장을 지었다.

양국 경제는 그렇게 꽁꽁 묶였다. 우리 수출의 30% 이상이 중국으로 가는 건 이를 단적으로 보여준다.

당시에는 삼성이, LG가, 그리고 현대가 분업을 디자인했다. 한국에서 뭘 생산하고, 중국에서 어떻게 조립할지에 대한 큰 그림을 우리 기

업이 그랬다. '분업의 칼자루'를 쥐었다. 기술이 있고 돈이 있었으니 가능했다. 우리가 중국에 대해 헛기침이라도 할 수 있는 근거였다.

중국의 산업 경쟁력이 높아지면서 한중 협력 구조에도 변화가 시작됐다. 많은 부분에서 '칼자루'는 중국측에 넘겨줘야 한다. 우리가 중국을 압도할 수 있는 기술력을 갖춘 분야가 점점 줄어들고 있기 때문이다. 기술과 투자가 한국에서 중국으로 가는 게 아니라, 중국에서 한국으로 온다. 가전은 오래전에 넘어갔고, 철강이 그랬고, 조선도 밀렸다. 우리 주력 산업이 중국의 추격에 잡혔다. 이젠 자동차조차 위험해 보인다. 기술력이 높아진 중국 기업들은 어지간한 부품이나 중간재는 중국 내에서 조달한다. 굳이 한국에서 안 가져가도 된다.

뭐가 남았나? "중국에서 한국 브랜드임을 자랑할 만한 건 고작 반도체와 화장품 정도다"라는 말이 나온다. 그것마저 중국이 하겠다고 기를 쓰고 달려들고 있어 미래를 장담할 수 없다.

시작일 뿐이다. 많은 분야에서 벌어질 현상이다. 소위 4차 산업혁명이라고 부르는 미래산업에서 중국에 밀리고 있기 때문이다.

정보통신기획평가원이 최근 낸 'ICT 기술수준조사 보고서'는 우리 AI 기술이 중국에 뒤지고 있음을 보여준다. 미국이 100이라면 중국은 88, 한국은 81 수준이다. 이게 굳어지고 차이가 더 벌어진다면 '역(逆)커플링'은 그저 당연한 미래의 한-중 분업 모델이 될 수 있다.

4차 산업혁명 영역은 분업을 하고 나눠 먹는 곳이 아니다. 앞선 자가 독식하는 구조다. 미래 먹거리 산업에서 밀린다면 우리는 구걸 바가지 들고 중국의 변두리로 밀려날 수도 있다. 그런데도 우리 사회는 스스로 혁신을 부정하고, 정치권은 혁신의 조건을 파괴한다.

중국은 경제 규모면에서 우리를 크게 웃돈다. 그 규모에 압도당하지 않기 위해서는 날카로움이 살아 있어야 한다. 그게 공생하는 길이다. 미래산업에 대한 확실한 우위가 없다면 우리는 중국에 빌붙어 살아야 하는 곤궁한 처지에 빠질 뿐이다. 4차 산업혁명 분야가 바로 그 영역이다. 정부의 규제 완화와 기업의 과감한 투자가 필요한 이유다.

자강불식(自强不息)하지 않는 자,

변두리로 밀려 빌붙어 살 수밖에 없다.

"한국 기술, 이러다 중국에 밟힌다"

후발자 이득(Late Mover Advantage). 기술 발전 단계에서 후발 국가가 오히려 이점을 누릴 수 있음을 설명하는 용어다. 앞선 나라가 개발해 놓은 기술을 큰 투자비 없이 받아 쓸 수 있으니 이득이다. 기술 개발 실패에 따른 기회비용도 줄일 수 있다. 우리가 후발자의 모범생이다. 일본에서 기술을 받아들여 부지런히 따라갔고, 일부 영역에서는 따라잡기도 했다.

중국도 마찬가지다. 1978년 개혁개방 이후 한국이나 일본, 대만의 기술을 열심히 카피하더니 지금은 독일, 미국을 기웃거리고 있다. 지난 40년 개혁개방의 성공은 그 후발자 이득에서 기인한 것이라고 해도 틀리지 않는다.

그런데 이 후발자들이 가끔 '반란'을 꾀하는 경우가 있다. 학습이나 카피에서 벗어나 스스로 기술 개발에 나선다. 조선은 유럽, 일본을 거쳐 한국으로 오더니 이제는 그 순위가 거꾸로 바뀌었다. 한국-일본-유럽 순이다. 한국의 화려한 반격이다. 반도체도 그랬고, 철강도 그랬다. 기술 선도국이라고 자만했다간 잡힌다. 잠깐 한눈팔면 죽는다. 선발자(First Mover)의 숙명이다.

중국도 다를 리 없다. 그들의 반격은 지금 진행 중이다. 오히려 우리보다 더 광범위한 영역에서 더 강력하게 선발 국가들을 위협하고 있다.

은종학 국민대 중국학부 교수는 기술발전 단계를 연구하는 학자다. 중국이 어떻게 선진국 기술을 따라잡았는지가 그의 관심 영역이다. 그가 말하는 '중국의 반격'을 들어보자.

"중국 GDP에서 R&D 투자가 차지하는 비중은 2006년 1.39%에서 2011년 1.84%로 늘었고, 2013년에는 처음으로 2%를 돌파하며 2.09%까지 치솟았다. 2017년에는 2.11%였다. R&D 투자 비중이 GDP의 2% 이상이면 지식기반 사회로 인정된다."

중국은 빠르게 지식기반 사회로 진입하고 있다는 게 은 교수의 설명이다. 실제로 그랬다. 중국에서 '자주창신(自主創新)'이라는 말이 유행하기 시작한 게 2006년쯤이다. '시장 줄게 기술 다오(以市場換技術)'라는 기술 습득 전략에 한계가 있다는 걸 깨닫고 자주 기술 개발에 본격 나서게 된다. 지금 세계 최고 수준으로 발전한 고속철도 기술, 항공기업계를 놀라게 한 중국산 항공기(모델 명 C919) 개발이 시작된 게 바로 그때다. 가전, 조선, IT, 자동차 등으로 자주창신의 열기가 번져갔다.

게다가 중국은 국가가 나서서 자원을 결집시킬 수 있기 때문에 기술 추격에 가속도가 붙는다.

우리도 R&D 투자에 관해선 최고 수준의 나라다. 2016년 4.24%였다. 그러나 절대 규모로 보면 얘기는 달라진다. 중국의 2017년 기준 GDP가 약 12조 달러(IMF 통계)다. 우리는 약 1조 5,300억 달러. 국가 R&D 역량의 급이 다르다.

그래서였던가. 주력 산업 분야에서 중국은 우리의 후발자가 아니라 경쟁자로 바뀌었다. 가전, 철강, 조선, 석유화학, 이제는 자동차도 그 경계에 놓였다. 물론 기술 그 자체로 보면 우리가 중국보다 한발 더 앞섰다고 할 수 있겠다. 그런데 시장이라는 요소가 개입되다 보니 중국의 반격은 우리에게 더 큰 '충격'으로 다가온다. 자국의 거대 시장에서 맷집을 키운 중국 기업들이 기술 수준을 높이더니 세계 시장에서 경쟁자로 달려드는 형국이다. 지금 스마트폰 시장에서 벌어지고 있는 일이다. 한국과 중국은 인도 스마트폰 시장을 놓고 치열한 쟁탈전을 벌이고 있다.

우리는 중국의 기술 반격을 몰랐다. 아니, 더 정확한 표현으로는 알면서도 외면했다. 학계 중국 기술 추격의 또 다른 전문가인 이근 서울대 교수의 얘기를 들어보자. 필자의 취재수첩에 기록된 내용은 이렇다.

"한국은 그동안 미국과 일본을 추격해왔다. 어느 정도 경쟁력을 갖추고 나니 '선발자의 함정'에 빠졌다. 자기의 기술과 상품이 최고라고 여기며 새로운 것을 무시한다. 이는 후발자에게 기회다. 우리가 '메이드 인 차이나' 제품을 무시할 때 후발자는 한발한발 한국을 추격하고 있었다. 이게 추격 사이클이 돌아가는 기초가 된다."

ⓒ이매진차이나

'대륙의 실수'라는 신조어를 만든 샤오미 제품. 충전기, 이어폰 등
핸드폰 주변기기에서 시작된 '실수'는 공기청정기, TV 등으로 확산되고 있다.
샤오미 브랜드의 자동차가 나올 날도 머지않았다.

이 교수가 한 세미나에서 발표했던 내용이다. 그때는 중국이 가장 맹렬하게 한국 제품을 시장에서 밀어낸 시기다. 조선이 그때 잡혔고, 석유화학과 IT 기기 등 여러 분야가 중국의 추격에 직면해야 했다.

그 결과는 어떤가. 은종학 교수는 '역(逆)모방(reverse imitation)'이라는 말로 이를 설명한다.

"언론 용어로 '대륙의 실수'라는 말이 있다. 중국이 만들었는데 '실수'로 잘 만들었다는 걸 두고 나온 말이다. 샤오미 배터리, 차이슨 무선 진공청소기 등 가성비가 높은 제품이 '실수 제품'으로 꼽힌다. 그런데 한국 기업들이 이를 모방하기 시작했다. 중국이 한국을 모방하는 게 아니라 거꾸로 한국이 중국을 따라 한다. 심지어 중국 제품인 양 스스로를 포장하려는 한국 기업도 있다. 역모방이다."

'짝퉁' 하면 중국, '중국' 하면 짝퉁의 본산 아니었던가? 그런데 거꾸로 됐다. 물론 일부 품목에서 나타나는 현상이지만, 엄연한 현실이다. 자, 그런데 '짝퉁'이니 '카피'니 '실수'니 하는 말과는 전혀 다른 차원의 일이 지금 이른바 제4차 산업혁명 분야에서 벌어지고 있다.

이곳에서 중국은 후발자가 아니다. 미국이나 일본이나 한국이나 중국이나, 모두 같은 스타트라인에 있다. 차이가 없다고는 할 수 없겠지만, 전통 산업에서처럼 현격한 수준 차이는 없다. 하기에 따라서는 누구든 선두 주자가 될 수 있는 영역이다.

제4차 산업혁명의 핵심은 AI이고, AI의 기반은 빅데이터다. 그리고 AI를 구현할 수 있는 기술은 로봇에 있다. 로봇을 움직이는 건 사물인터넷(IoT)이다. 빅데이터, AI, 로봇, IoT… 이 분야에서 중국 기술은 어느 정도일까?

미국 스탠퍼드대 인간중심 AI 연구소(HAI)의 'AI 인덱스 2019 연례 보고서'에 따르면 2009~2018년 동안 가장 많은 AI 관련 논문을 낸 나라는 중국이다. 12만7371편을 냈다. 2등인 미국(8만2198편)을 월등히 앞섰다. 한국은 1만1711편으로 14위에 그쳤다. 스페인(1만7211편)이나 이란(1만6219편) 등에도 뒤지는 수준이다.

물론 논문 수가 많다고 꼭 산업 경쟁력이 뛰어난 것은 아니다. 다만 잠재력을 지녔다는 점은 부인할 수 없다. 중국은 제4차 산업혁명 영역에서 분명 우리보다 앞서 달리고 있다. 검색만 해봐도 관련 기사가 쏟아진다. 실제로 중국 취재 현장에 가보면 4차 산업혁명 분야에서 중국이 앞서가고 있음을 목격하게 된다.

제조업 시대에는 분업과 협업이 가능했다. 중국은 임가공 완제품을 만들고, 한국은 고부가 중간재를 만드는 식이다. 중국의 수출이 증가하고 경제가 성장하면 한국의 대 중국 수출도 늘어났고, 우리는 중국 성장의 혜택을 함께 누렸다. 그러나 제4차 산업혁명의 영역은 그렇지 않다. 선발자가 독식하는 구조다. 선발자와 후발자가 협력할 공간도, 이유도 없다. 그나마 제조업 시대에는 한국이 기술을 선도할 수 있었기에 '우세적' 분업이 가능했다. 4차 산업혁명 경쟁에서는 우리가 앞서면 다 먹는 것이요, 뒤지면 말 그대로 '국물'도 없다. 한 번 뒤지면 뒤엎기도 힘들다. 선발자가 만들어 놓은 표준을 따라가는 처지로 전락할 뿐이다.

제4차 산업혁명 분야나 차세대 5G통신이나 모두 표준과 관련된 것이다. 먼저 치고 나가는 나라, 기업이 표준을 이끌게 된다. 빅데이터, AI, IoT, 5G… 제조의 시대는 후발자였지만, 제4차 산업혁명의 시대에는 선발자가 되겠다는 게 중국의 포부다. 미국 트럼프 대통령이 무역전쟁을 일으키며 중국을 몰아세우는 뒷면에는 이 표준전쟁이 있다. '더 이상 놔뒀다가는 중국에 밟힐 것'이라는 위기감이다.

우리가 규제의 함정에 허덕일 때, 우리 경제가 정치 프레임의 틀에 갇혀 있을 때 중국은 국가와 기업이 똘똘 뭉쳐 제4차 산업혁명 영역을 개척해가고 있다. 우리는 이 분야에서 중국의 후발자가 될지도 모른다. 그 경쟁에서 뒤질 때 우리는 자칫 중국에 자존심을 지킬 수 없게 될지도 모른다. 이래도 되는 것인가? 기술 우위 없는 한중 관계는 공허하고, 위험할 뿐이다.

차이나 브리핑

중국은 왜 갤럭시를 버렸나?

중국인들은 삼성폰의 추락에 대해 어떻게 생각하고 있을까? 중국의 뉴스 전문 사이트인 '오늘의 헤드라인(今日頭條)'에 올라온 분석 글은 이 질문에 대한 답을 준다. '중국인들이 삼성폰에 던지는 쓴소리'라는 제목으로 소개된 그들의 '쓴소리'는 이렇다.

첫째, 중국산 스마트폰의 경쟁력이 로켓 상승했다. 로컬 메이커들은 기술 격차를 좁혔고, 판매량을 늘려나갔다. 이들 '메이드 인 차이나폰'이 잠식한 시장이 바로 삼성폰 영역이었다.

둘째, 현지 맞춤형 제품을 공급하지 못했다. 삼성폰의 중문 OS는 최적화되지 못했다. "다른 폰은 1년 정도 쓰면 속도에 문제가 생겼는데 삼성폰은 불과 6개월 만에 버벅대기 시작했다"는 소비자들의 야유를 받곤 했다. 또 삼성폰의 시스템 기능과 편의성은 중국인들의 사용 습관에 맞지 않는다는 평가가 많다.

셋째, AI 시대에 낙후됐다. 애플이나 화웨이는 적극적으로 AI 시대에 뛰어들고 있다. 마이크로칩이나 애플리케이션, AI 생태계 등 다방면에서 역점 사업으로 진행하고 있다. 상대적으로 삼성은 적극적이지 않은 부류에 속했다.

넷째, 위기 대처에 허점을 보였다. 2016년 8월 노트7의 배터리 폭발 사고로 유럽 시장에선 모든 제품의 리콜을 단행했다. 이어 9월 2일 글로벌 시장을 대상으로 리콜을 실시했다. 그런데 중국은 빠졌다.

이후 중국에서도 연이어 폭발 사고가 발생했다. 중국 소비자는 불만을 터뜨렸고, 삼성은 중국 시장의 함정에서 빠져나올 수 있는 마지막 지푸라기마저 상실했다고 볼 수 있다.

그들의 '쓴소리'가 다 맞는 건 아닐 수 있다. 삼성폰의 기술적 우위를 폄하하는 것도 아니다. 다만 중국 소비자들이 그렇게 생각하고 있다는 게 중요할 뿐이다. 시장을 되찾기 위해서는 그들이 갤럭시를 버린 이유를 알아야 하기 때문이다.

갤럭시의 추락은 단순히 삼성폰에서 끝나지 않는다. 한국 대표 브랜드가 중국에서 외면당하고 있다는 것은 곧 '한국'이라는 브랜드가 중국 시장에서 잊혀지고 있다는 걸 의미하기 때문이다. 갤럭시의 부활을 소망하는 이유다.

중국 경제의
다면성을 이해하라

베이징의 한 상사원은 "중국 시장은 판매왕의 무덤"이라고 말한다. 무슨 뜻이냐는 질문에 그는 이렇게 설명한다.

"어느 기업의 얘기이다. 중국 시장이 중요해지자 해외 영업 분야에서 최고의 성적을 거둔 전년도 '판매왕'을 중국 법인 책임자로 발령냈다. 북미 시장에서 잔뼈가 굵은 분이었다. 그러나 시원치 않았다. 글로벌 판매왕이라는 타이틀이 무색하게 그는 중국에서 계속 헛다리만 짚다 결국 본사로 소환되고 말았다."

꼭 그 기업 얘기만은 아니다. 내로라하는 베테랑급 임원을 중국으로 파견했지만, 실적이 초라한 경우를 적지 않게 보았다.

왜 그런 일이 생길까? 그 원인을 추적해보자.

중국 경제는 하나의 시스템으로 굴러가는 듯하지만 속을 들여다보면 결코 하나가 아니다. 여러 종류의 서로 다른 메커니즘이 하나의 경제를 만들고 있다. 국가가 경제의 한 주체로 활동하는 '국가자본주의(state capitalism)'적인 요소가 있는가 하면, 그 옆에는 경쟁을 근간으로 하는 서방식 '자유자본주의(liberal capitalism)'가 존재하고 있다. 정반대 성향의 속성이 공존하는 셈이다. 그런가 하면 우리가 IMF 금융위기의 원흉이라고 했던 기업의 문어발식 친족 경영을 특징으로 하는 '정실자본주의(crony capitalism)'도 뚜렷하다.

가히 '한 지붕 세 가족' 경제라고 할 만하다. 이런 복잡한 요소를 종합적으로 보고, 또 하나하나 뜯어봐야 중국을 정확히 알 수 있다. 어느 한 쪽에만 치우치거나 어느 한 속성을 등한시하면 실패하기 십상이다. 판매왕이 중국에서 쫓겨가는 이유도 여기에 있다.

우선 국가자본주의를 보자.

중국은 '심판이 공도 차는 시스템의 나라'다. 그 심판은 국가다. 국가가 시장의 주체로 활동하고 있는 것이다.

국가가 경제 활동의 첨병으로 앞세운 존재가 바로 국유 기업이다. 약 15만 개에 달하는 국유 기업은 생산성이 떨어진다고 지탄을 받지만, 어쨌든 부가가치 생산 규모로 볼 때 중국 경제의 거의 절반을 차지하고 있다. 에너지, 금융, 통신, 방산 등 굵직굵직한 산업은 이들 국유 기업이 장악하고 있다. 그리고 이들 국유 기업은 국유은행으로부터 자금을 지원받고 있다. 국가-국유 기업-국유은행이라는 국가자본주의의 삼각편대가 형성된 것이다.

중국 기업이 해외 유전을 매입하거나 가스전을 개발할 때, 반도체 공정을 시작할 때, 심지어 민영 기업의 해외 M&A에서도 국가의 '보이는 손'은 여지없이 작동한다. 국가-국유 기업-국유은행이라는 가공할 삼각편대는 막대한 총알(자금) 공세로 서방 기업들을 초토화시키고 만다.

우리 기업 역시 자유롭지 못하다. 요즘 우리나라 조선산업이 어렵다. 메이저 회사들조차 수조 원의 적자에 시달리고 있다. 그 원인 중 하나가 바로 중국의 국가자본주의 때문이다. 중국의 조선 분야 국유 기업들은 2008년 세계 금융위기 이후 악조건 속에서도 공격적으로 해외시장 공략에 나섰다. 저가 수주로 발주 물량을 쓸어갔다. 돈은 걱정 없었다. 정부가 지원해주니까 말이다. 한국 기업이 어찌 당할 수 있겠는가. 그들과의 수주 전쟁을 치르느라 안으로 곪고 또 곪았다. 그게 터진 게 조선업 사태다.

국가가 목표물을 정하면 국유 기업이 달려들고, 국유은행이 뒤에서 총알(자금)을 지원하는 식이다. 그렇게 우리나라 철강, 조선 등의 산업이 당했다. 중국 국유 기업이 강한 분야다. 석유화학, 심지어 우리의 마지막 보루라고 하는 반도체마저도 안전하지 못하다.

둘째, 자유자본주의적 속성이다.

그렇다고 중국에 국가자본주의, 국유시스템만 있는 건 아니다. 중국에 가본 사람들은 알겠지만, 중국은 경쟁이 살아 있고, 시장 원리가 한편에서는 너무도 잘 적용되고 있는 나라이다.

얼마 전 시안(西安) 출장을 다녀왔다. 취재 중에 한 학교 앞을 지나게 됐다. 상가가 쭉 이어져 있는데, 대부분 문을 닫았다. 음산하기까지 했다. 원래 학용품, 완구, 아동복 등을 팔던 곳이었단다. 이유를 물으니 시안 정부 관계자는 이렇게 답한다.

"이제 학생들은 여기서 물건을 사지 않습니다. 전부 알리바바나 징둥(京東) 같은 인터넷 전자상거래사이트에서 사지요. 오프라인 가게는 망할 수밖에 없습니다."

시안의 문구점 상가는 중국 경제의 또 다른 영역인 민영 부문에서 국가자본주의와는 전혀 다른 자유자본주의식 시스템이 작동되고 있음을 보여준다. 대표적인 게 IT 분야이다. 이곳에서는 지금 인터넷 모바일혁명이 진행 중이다. 대중창업 만중창신(大衆創業 萬衆創新)이라는 슬로건하에 중국 전역에서 벤처기업이 쏟아지고 있다.

이 부문에서는 오로지 경쟁력만이 통한다. 기술과 서비스 경쟁에서 지면 바로 퇴출이다. 시안의 문구점은 이를 보여주는 사례일 뿐이다. 정부는 체제를 위협하지 않는 한 민간기업이 하는 대로 그냥 놔둔다. 그러니 경쟁이 일어나고, 경쟁을 통해 산업이 발전한다. 인터넷 모바일, 유통, 부동산 등에서 일어나고 있는 현상이다. 그런가 하면 자금력이 풍부한 민영 기업들은 해외에서 기업을 인수하고, 빌딩을 사들인다. 서방 기업들과 다르지 않은 것이다.

이마트가 중국에 진출한 건 1990년대 중반쯤이다. 한때 잘나갔다. 한국의 유통 기술이 중국 시장에서 먹힌다며 언론에도 자주 등장했다. 그러나 이마트는 결국 철수했다.

유통 분야는 전형적인 민영 산업이다. 자유자본주의 논리가 작동하는 곳이다. 그들은 단돈 1위안, 아니 1마오(毛)에도 공급선을 바꾼다.

완전경쟁에 가깝다. 중국 경쟁사에 비해 비용 구조가 불리한 이마트로서는 견디기 어려운 환경이었다. 게다가 알리바바가 일으키고 있는 유통혁명이 오프라인 매장을 시장에서 몰아내고 있었다.

이렇듯 국가자본주의와 전혀 상반되는 자유자본주의 시스템이 공존하고 있는 곳이 바로 중국이다. 종합적으로 봐야 한다는 이야기다. 시안의 문구점 폐업 이면에 담긴 냉혹한 시장 경쟁 말이다.

셋째, 중국의 또 다른 시스템인 '정실자본주의'를 보자.

시장경제 성립의 핵심 요건 중 하나는 '계약'이다. 계약에 따라 비즈니스가 진행되는 룰(rule)이 살아 있어야 한다. 그런데 중국이 어디 그런 나라이던가?

중국에서 비즈니스를 하는 사람들은 계약보다는 '관시(關係)'가 중요하다고 말한다. 내 제품(서비스)이 상대 기업에 비해 분명 우수한데도 계약에서 밀리는 경우가 종종 발생한다. 심지어 가격경쟁력까지 뛰어난데도 말이다. 시장경제에서는 있을 수 없는 일이다. 더 나아가 공공연하게 뒷거래가 이뤄지곤 한다.

기업들은 탐욕 덩어리이다. 속성이 그렇다. 중국은 이게 더 심하다. 중국 기업들은, 그것이 민영 기업일지라도 정부와의 관시를 통해 업종 다각화에 나서고, 공무원들과의 결탁을 통해 몸집을 불린다.

신시왕(新希望)이라는 그룹이 있다. 쓰촨에서 메추라기 양식으로 돈을 번 대표적인 민영 기업이다. 이 회사는 지금 고유 분야인 농업을 비롯해 부동산, 금융, 에너지, 호텔 등 안 하는 업종이 없다. 신시왕그룹을 일으킨 4형제는 중국 전역을 돌며 부를 쌓았다. 자유시장경제의 터전에서 돈을 번 그들이지만, 속으로 들어가 보면 끼리끼리 해먹고, 자기네끼리 나눠 먹는다. 자율과 경쟁의 영역이라는 민영 부문에서 이뤄지고 있는 일이다.

그래서 나오는 말이 '관시 비즈니스'이다. 시장의 규율이 약하니 연줄로 문제를 해결하려는 속성이다.

정실자본주의가 나쁜 거라고? 맞다. 우리나라가 IMF 금융위기에 빠진 원인 중의 하나가 그것이니까 말이다. 그렇다고 중국에 엄연히 존재하고 있는 그 속성을 무시할 수는 없다. 정실자본주의적 속성에 적응해야 한다는 것이다. 그걸 거부한다면, 사업 못하는 거다. 보따리 싸야 한다.

우리 기업은 어느 정도 준비가 되어 있을까?

중국에서 활동하고 있는 한 대기업 주재원과의 통화 내용이다. 이 회사는 요즘 인허가 문제로 중국에서 퇴출당할 위기에 직면했다.

필자: 당신네 회사는 다른 어느 업체보다 중국 내 관시가 강하지 않은가? 왜 그리 속수무책인가?

관계자: 옛말이다. 대관 업무를 맡고 있던 전문가들이 대부분 회사를 떠났다. 관시랄 게 없다. 정년이 됐다고 내보낼 줄만 알았지, 사람 키우는 건 등한시했다.

필자: 그렇다면 지금 어느 정도 관시를 댈 수 있나?

관계자: 솔직히 당장 내일 사장이 온다 해도 여기 지방정부의 담당 국장조차 만나기 힘들다. 꾸준히 관시망을 쌓고, 그들의 뒷거래 관행을 활용할 수 있어야 하고, 필요하면 결탁이라도

해야 한다. 법을 어기라는 얘기가 아니다. 그들의 관행을 이해해야 한다. 미국, 유럽 등 해외시장에서 잔뼈가 굵은 베테랑 법인장이 중국에 파견되어서는 헛다리를 짚는 이유가 거기에 있다. 시장을 자율과 경쟁으로만 읽을 수 없는 곳이 바로 중국이다. 겉으로 보기에 중국은 분명 시장이 살아 있는 것처럼 보이지만 비즈니스 현장에서는 계약보다 관시가 위력을 발휘하고, 경쟁보다는 끼리끼리 문화가 더 짙다. 그런 특성을 이해하지 못하니 실패하는 것이다.

중국 경제는 국유 부문과 민영 부문으로 분절되어 있다. 국가의 힘이 작용하는 국가자본주의 분야가 있는가 하면, 그 바로 옆에는 시장의 힘이 끓어오르는 자유자본주의 부문도 있다. 비즈니스 속으로 들어가 보면 끼리끼리 관시 문화가 판치는 정실자본주의 속성도 뚜렷하다.

"중국은 이질적인 시스템이 엉켜 있는 곳이다. 그러기에 나누어 보고, 또 종합해서 볼 수 있어야 한다. 그래야 제대로 된 비즈니스 전략이 나올 수 있다. 관시는 경시해서도 안 되지만 그것에 매몰되어서는 더 안 될 일이다. '중국은 이렇다'라고 쉽게 규정해버린다면, 당신의 비즈니스는 함정에 빠져들 수 있다."

한국 업계 최고의 중국 비즈니스맨이라는 별명을 가진 박근태 CJ차이나 대표의 말이다.

한국의 오지랖

"결국, 마포 상권도 장악하나…."

가끔 그런 생각을 한다. 대림동에 집중된 중국인 상권은 지금 영등포로 확산 중이다. 한강 넘어 마포까지 넘볼 기세다. 머지않은 장래에 마포 뒷골목, 그리고 마포대로에까지 중국어 광고판이 덕지덕지 붙는 날이 올지도 모른다.

중국 상인들의 근성을 알기에 하는 소리다. 그들의 돈 의식은 집요하다. 단돈 1원이 남아도 뛰어든다. 고생을 마다하지 않는다. 어떤 악조건 속에서도 뿌리를 내리고, 파고든다. 자기들 사람 데려다 쓰니 최저임금 걱정할 필요도 없다. '선비' 같은 한국 기업은 경쟁에서 밀려날 수밖에 없다. 중국 상인들은 스멀스멀 대림동을 넘어 영역을 넓혀간다.

서울 영등포구 대림역 근처 차이나타운. 중국어 간판이 즐비하다.
중국인 상권은 지금 마포로 확산중이다.

이전에 돈은 한국에서 중국으로 갔다. 한국에서 돈 벌어 중국의 고향 가족에게 보냈다. 그런데 이게 거꾸로다. 돈이라면 이제 중국이 더 많다. 한국에 나온 사람들은 사업을 위해 대륙에서 투자 자금을 끌어온다. 사업은 비즈니스로 변하고, 점포 주인은 회사 사장으로 명함을 바꾼다. 마포 오피스텔을 문의하는 중국 비즈니스맨들이 많아졌다. 그들의 상권은 더 넓어진다.

3년 전 카자흐스탄 출장 얘기다.

일대일로 취재였다. 중국-카자흐스탄 접경 도시인 호로도스에서 알마티로 가는 길. 자동차로 4시간 정도 거리다. 도로 건설이 한창이었다. 공사장에는 중국인 인부가 많았다. 중국어가 쓰인 공사 차량도 보였다.

알마티에서 카자흐스탄 정부 관리를 인터뷰했다.

– 중국 일대일로 정책으로 너희들은 좋겠다. 중국이 SOC 깔아주니….

"…"

– 왜 답이 없냐?

"긍정적인 면과 부정적인 면 다 있다."

– 긍정적인 면은 알겠는데, 부정적인 건 또 무엇이냐?

"사라진다. 중국인이 공사 끝나면 돌아가야 하는데, 그냥 사라진다. 우리는 인구가 적은 나라다. 기술자도 없다. 그러니 공사는 중국인에 의존한다. 그런데 공사가 끝나면 중국으로 돌아가지 않고 카자흐스탄 어디론가 잠적한다. 카자흐스탄 곳곳을 파고든다. 골치 아프다."

카자흐스탄은 땅은 넓고 인구는 적은 나라다. 초원으로 덮여 있고 목축으로 먹고살던 사람들이다. 중국인이 와 사업을 하면, 카자흐스탄 사람들은 게임이 안 된다.

그런 카자흐스탄 땅에 중국인이 대거 넘어와 뿌리를 내리면, 그곳은 카자흐스탄일까 중국일까…. 그때 든 생각이다.

다시 '대림동' 얘기다.

한국은 쉽다. '자유주의 경제', 법만 어기지 않으면 무엇이든 할 수 있는 곳이란다. 이는 중국인들에게 '관대함'으로 다가온다. 관대함을 자양분으로 중국인 비즈니스는 무럭무럭 자란다.

그들만의 생태계가 형성된다. 관광업계가 대표적이다. 데려오고, 재우고, 구경시켜 주고, 먹여주고, 쇼핑시키고…. 모든 과정이 그들 영역

안에서 이뤄진다. 한국 여행사는 낄 틈이 없다. 중국 관광객 가이드였던 중국 유학생은 어엿한 여행사 사장으로 변신한다. 한국 여행사는 시장에서 도태된다. 중국인 대상 여행업계는 이미 그들이 '평정'했다.

대림동의 교육 여건도 좋아지고 있다. 이 지역 각급 학교에는 중국 학생을 위한 특별 코스가 마련되어 있다. 가정 통신문도 한국어와 중국어로 안내해 주는 학교도 있다. 심지어 서울시교육청은 아예 이 지역을 '교육 국제화 특구'로 만들겠다는 계획까지 세우기도 했다. 대림동에선 중국어가 국제화의 수단인 모양새다.

우린 관대하고,

오지랖도 참 넓다.

요즘 마포 공덕동 로터리 주변 오피스텔에서는 중국어가 자주 들린다. 공항 길 편하고, 중심지와 가깝고, 베이징이나 상하이에 비하면 집값도 싸고…. 안성맞춤이다. 이래저래 공덕동을 찾는 중국인이 많아진다.

마포를 지날 때면 자꾸 알마티 취재가 떠오른다. 그렇게 마포는 지금 '국제화'되어 가고 있는 중이다.

'중국 전문가'란 어떤 사람인가

중국 전문가, 참 많다. 어지간한 회사마다 중국팀이 있고, 중국 비즈니스 경력이 있는 팀장이 팀을 이끈다. 정부기관에도 중국어를 구사하는 '전문가'들이 수두룩하다. 풍요 속의 빈곤인가. 그럼에도 우리는 주변에서 "중국 전문가가 없어"라는 말을 자주 듣는다. 중국을 안다는 사람은 많은데, 막상 일을 맡길 만한 사람은 없다는 거다.

꼭 필요한 곳에는 전문가가 더 없다. 외교부 정책라인에 중국 전문가가 없다는 건 너무도 잘 알려진 얘기다. '아메리칸 스쿨(미국파)', '저팬 스쿨(일본파)'이 잡고 있을 뿐, 중국을 아는 사람은 드물단다. 사드 문제가 커진 것은 고위 정책라인에 중국 전문가가 없었기 때문이라는 지적도 현실감 있게 다가온다.

그 많다는 중국 전문가는 모두 '무늬만 전문가'였단 말인가? 우리는 중국 전문가를 잘 관리하고 있는가? 우선 물어보자. 업무 현장의 '중국 전문가는 어떤 자질을 갖춘 사람인가?'

가장 많이 돌아오는 답은 '중국어를 해야 한다'는 것이다. 과연 그런가? 중국어가 중국 전문가의 필요조건일 수는 있다. 그러나 충분조건은 아니다. 중국어 한다고 중국 전문가라고 할 수는 없다는 얘기다.

필자가 생각하는 중국 전문가는 '중국인의 사고를 이해할 수 있는 사람'이다. 그들이 어떻게 생각하고 반응할지를 추측해낼 수 있어야 전문가다. 사드 문제가 터지면 이에 대해 중국인들은 어떻게 생각하고, 어떤 반응, 어떤 대응을 할지 앞을 내다볼 수 있어야 한다는 얘기다.

계약을 위한 협상에서도, 협정을 위한 담판에서도, 심지어 중국 관광객에게 생수 한 병을 팔 때에도 가장 중요한 건 그들의 심리를 이해하는 것이다. 협상을 유리하게 타결하려면, 물건 하나 더 팔려면 그들의 머릿속에 들어가야 한다. 그걸 잘하는 사람이 중국 전문가다. 중국인들의 속내를 훤히 들여다볼 수 있는 사람 말이다.

그렇다면 그런 중국 전문가가 되기 위해서는 어떤 조건을 갖추고 있어야 하는가? 3가지가 필요하다.

우선, 인문(人文)이다. 구체적으로는 중국의 역사, 철학, 문학에 대한 이해다.

그동안 우리는 중국에서 주로 '기계'와 대화를 했다. 기계를 잘 돌리면 됐다. 제조업 위주의 협력이었으니 말이다. 중국인은 그냥 그 기계를 돌리는 노동 단위일 뿐이었다. 그러나 지금은 그들에게 무엇인가를 팔아야 하는 시대다. '중국 시장을 우리의 내수시장으로 만들라'고 하지 않던가. 그렇다면 이제는 기계가 아닌 중국 사람들과 대화를 해야 한다. 당연히 그들 머릿속에 무엇이 들어 있는지를 알아야 한다.

그래서 필요한 게 바로 인문 지식이다. 중국의 역사를 알아야 하고, 철학을 이해해야 하고, 문학을 공부해야 할 이유다. 그래야 중국인들의 사고를 이해할 수 있다.

중국인들에게 역사는 현실을 비춰보는 거울이다. 그들은 현실 문제를 해결하기 위해 인식체계 깊숙히 축적되어 있는 역사를 꺼내온다. 한자(漢字)는 그 과거와 현재를 잇는 매개다. 2,500년 전 공자가 썼던 문자가 지금도 초등학교 교과서에 실려 있다. 5,000년 지혜를 담은 한자의 역사와 철학, 문학을 이해하지 않고는 어떤 중국 전략도 나올 수 없다.

한 비즈니스맨이 양저우(揚州) 출장 길에서 이백(李白)의 시 '황학루에서 광릉 가는 맹호연을 배웅하다(黃鶴樓送孟浩然之廣陵)'를 읊었다면? 중국인들의 시선이 달라질 수밖에 없다. 쉽게 계약을 따낼 수 있을 것이다. 뻐기기 좋아하는 중국인에게 루쉰(魯迅)의 《아Q정전》을 얘기하라. 그 스스로 창피함을 느낄 것이다.

둘째, 인맥(人脈)이다.

일이 터졌을 때 이를 해결할 수 있는 중국인을 옆에 두고 있느냐의 문제다.

중국은 사람과 사람 간 관계가 중시되는 사회다. 흔히들 '관시가 중요하다'고 말하는 이유다. 그렇다고 불법적인 일을 해놓고 관시로 해결하라는 것은 아니다. 그런 시대는 갔다. 하지만 아직 중국에서 법은 멀

©중앙일보

분주한 광저우 시내 풍경. 풍요속의 빈곤이라던가, '중국 전문가는 많다는데 찾으면 없다'는 얘기가 나온다. CEO가 나서서 중국을 공부해야 한다는 지적이다.

다. 소송? 그건 막판에 할 일이다. 우리가 찾는 중국 전문가란, 문제가 터졌을 때 피해를 최소화하고, 이를 해결할 수 있는 사람이다.

적확한 중국인을 찾아 해결 방법을 모색해야 한다. 우리나라에서도 관시는 중요하다. 여권 하나 만들 때에도 구청에 아는 직원이 있으면 반나절 만에 뚝딱 만들 수 있다. 미국도 크게 다르지 않을 것이다. 그런데 왜 중국에서만 유독 관시, 관시 하는가. 중국에는 도처에 울타리가 많기 때문이다. 관시는 그 울타리를 타고 넘어가는 통로다. 시장에 파고들 때 긴요한 게 바로 관시라는 얘기다.

관시의 속성을 알아야 한다. 한국의 인맥과 중국의 관시가 다른 점은 지향하는 시점이다. 한국의 인맥은 다분히 과거지향적이다. 우리나라에서 가장 강력한 인맥은 고려대동문회, 호남향우회, 해병대전우회라고 하지 않던가. 과거의 '끈'을 찾아 무엇인가 부탁하고, 또 그 인맥을 바탕으로 서로 봐주기도 한다. 자기들끼리 결탁하고, 패거리를 만든다.

그러기에 한국의 인맥에는 부정적 의미가 담겨 있다.

이에 비해 중국의 관시는 미래를 지향한다. 미래에 무엇인가를 이루기 위해 현재의 사람들이 모여 '퇀두이(團隊, 모임)'를 만든다. 내일 돈을 벌기 위해 오늘 그와 관련된 사람을 찾아 뭉친다. 그러기에 관시는 이익을 바탕으로 한다. 미래의 이익이 중국 관시의 속성이다. 그 중심에 '돈'이 있다.

물론 근본은 신뢰다. 신뢰가 쌓인 사람끼리라야 쉽게 모인다. 그렇게 모여 미래의 일을 도모한다. 미래에 대한 공통적인 비전이 없다면 중국에서는 관시 형성이 어렵다. 그래서 중국의 관시는 더 역동적이고, 건설적일 수 있다.

달리 방법이 없다. 중국인을 존중하고, 그들과 이익을 나누겠다는 배려의 마음이 있어야 한다. 정부와 기업의 리더들은 '관시는 중국 비즈니스의 자원'이라는 인식을 가져야 한다. 제도적으로 관시를 구축해야 한다는 얘기다. 중국 업무와 관련한 사람을 귀히 여기고, 정부나 회사 차원에서 중국 파트너들을 관리해야 한다.

셋째는 변별력(辨別力)이다. 좀 더 구체적으로 말하자면 중국적 특성을 구별해낼 수 있는 능력이다.

어느 제법 큰 중견기업에서 중국과 관련된 일이 터졌다. 사장은 임원회의를 소집한다. 우선 회사 내 중국 전문가로 통하는 중국 팀장에게 시선을 돌린다. 중국에 오랫동안 파견되어 일한 인물이기에 훌륭한 솔루션을 제기할 것으로 기대한다. 그러나 그가 낸 답은 별로 신통치 않다. 뭔가 미진하다는 생각이 든다.

근데 좀 더 멀리 앉아 있던 총무 담당 상무가 툭하니 의견을 제시한다. 미국에서 오랫동안 일한 경력이 있는 임원이다. 중국에는 가끔 출장만 다녀왔을 뿐이다. 그런데 그의 솔루션이 적절해 보인다. 사장은 그의 답에 고개를 끄덕인다. 중국 팀장은 머쓱해질 수밖에 없다.

당신 회사에서도 충분히 일어날 수 있는 일이다. 왜 그럴까? 중국어를 전공하고, 중국 지사에서 오랫동안 근무하고, 중국 친구들도 많은 사람을 우리는 흔히 중국 전문가라고 말한다. 그러나 그게 오히려 독이 될 수 있다. 중국에 묻혀 큰 흐름을 보지 못할 수도 있기 때문이다. 중국적 특성과 보편적인 것을 구별해내는 변별력이 떨어진다는 얘기다. 나무는 보되 숲을 보지 못하는 것이다. 중국만 아는 사람을 중국 전문가라고 할 수 없다. 중국의 특성을 잡아내기 위해서는 중국 이외의 나라 사정도 잘 알 필요가 있기 때문이다.

그래서 필요한 게 순환근무다. 중국 전문가라고 해서 중국 지사나 중국 관련 부서에만 박아두면 변별력을 키우기 어렵다. 중국 인력이라고 하더라도 본사와 지사 간 순환근무가 필요하고, 중국과 관련 없는 부서 근무도 시켜봐야 한다. 그래야 종합적인 사고를 할 수 있고, 시너지 효과를 기대할 수 있다. 중국 전문가를 미국에 파견시켜 일하게 하는 것도 방법이다.

KOTRA에는 중국 전문 인력이 많다. 그런데 한번 '중국 인력'으로 찍히면 중국 업무에서 빠져나오기 힘들다고 한다. 그래가지고는 창의적이고 신선한 아이디어를 구하기 어렵다. 다른 지역으로 돌려야 한다. 그래야 멀리 볼 수 있는 눈이 생긴다.

필자가 특강 강연자로 참석했던 삼성전자의 중국 전문가 코스는 중국 지사 근무 경력을 갖고 있는 과장급 직원을 대상으로 기획된 중국 교육 프로그램이었다. 앞으로 파견될 직원이 아닌, 파견됐다 돌아온 직원들이다. 대부분 중국 현지 법인 근무를 마치고 돌아온 뒤 중국과 관련 없는 부서에서 일한다.

약 4개월 동안 진행되는 교육을 통해 '당신은 비록 지금은 중국과 무관한 일을 하고 있지만 회사가 관리하는 중국 전문가'라는 인식을 갖게 된다. 중국도 알고, 회사 전반의 돌아가는 사정도 알고, 게다가 중국 아닌 다른 지역에 대한 지식도 습득할 수 있게 한다. 변별력은 그렇게 키워진다.

기업의 중국 비즈니스에서 더 중요한 요소가 하나 있다. 회사 CEO부터 중국 전문가가 되어야 한다는 점이다. 우리 기업이 중국 비즈니스에서 낭패를 당하는 가장 큰 이유는 평사원이 아닌 부장, 더 크게는 CEO에 있다. CEO가 중국을 모르니 한국에서 했던 똑같은 전략으로 중국 사업을 밀어붙이려 한다. 부장이 중국에 대해 무식하니 CEO의 지시를 그냥 그대로 현장 직원들에게 하달하며 닥달한다. 무지막지하게 실적을 내라고 찍어누르는 본사, 한국과는 달리 움직이는 중국 시장 환경…. 그 사이에서 현지 파견 직원들은 스트레스를 받고, 결국 허위 보고를 하거나 자포자기 상태로 빠지곤 한다. CEO가 나서서 중국을 공부하고, 현지화하겠다는 결연한 의지가 필요하다.

2

전쟁은 이미 시작되었다

글로벌 경제전쟁의 실상

AI 전쟁

무역 협상은 오히려 쉽다. 정치적 이해가 작동하면 풀린다. 정말 타협이 어려운 전쟁은 따로 있다. 바로 기술 패권 경쟁이다. 누가 차세대 기술의 주도권을 잡느냐의 싸움이다. 흔히 제4차 산업혁명이라고 한다. 그냥 'AI 전쟁'이라고 하는 게 낫겠다. 그래야 분명하게 들어온다.

트럼프의 공격은 예리하다. 그는 최근 중국 기업 블랙리스트 명단을 추가 발표했다. 화웨이에 이은 두 번째 제재 대상 기업이다. 하이크비전, Megvii, 아이플라이텍, 센스타임 등 8개 업체다.

이들에겐 공통점이 있다. 모두 AI 기업이라는 점이다. 그것도 중국 정부가 육성하고 있는 '국가대표급 AI 회사'다.

중국 과기부는 지난 3년 연속 AI분야 주목할 만한 업체를 선정해 발

중국 광둥성 선전의 초등학생용 AI 교재. 선전 시정부는 모든 초등학교에
AI 실험실을 두도록 의무화하고 있다. 중국이 AI 교육에 얼마나 공을 들이는지를
단적으로 보여준다.

표하고 있다. 모두 15개 업체가 '국가대표'로 대우받고 있다. 이들은 중국 국내뿐만 아니라 해외, 심지어 미국 안방에까지 침투해 맹활약을 펼친다. 트럼프의 심기가 불편하다.

뭐야, 너희들이 언제 그렇게 컸어?

발끈한 트럼프가 이들 AI 플레이어들을 정조준했다. 더 크기 전에 싹을 짓밟아버리겠다는 뜻이리라. 그들 제품을 사지 마라, 부품(주로 반도체)을 공급하지 말아라, 연구개발 협력도 끊어라…. 트럼프의 명령이다.

2017년 5월이었다. 중국의 바둑 영웅 커제가 알파고와 붙어 처참히 깨졌다. 3대0. 당시 커제는 바둑판을 쓰다듬으며 눈물을 비추기도 했다. "세계 최고 바둑기사가 AI에 졌다!" 중국 언론은 난리였다.

그로부터 두 달이 지난 후 중국 국무원(중앙정부)은 '차세대 AI 발전계획'을 발표한다. 심플한 비전이다.

"2030년까지 미국을 제치고 세계 톱 AI 국가가 되겠다."

중앙정부가 하니 지방정부는 지역별 세부 방안을 만들며 뒤따른다. 정부가 손가락을 들어 '저쪽이야!'라고 외치니 민간 자금도 그쪽으로 쏠린다. 돈이 몰리는 곳, 당연히 기업이 달려든다. 그렇게 AI 생태계가 형성되고 있다.

커제가 반상에 눈물을 떨군 지 불과 2년여, 중국의 AI 플레이어들은 그렇게 AI 선진국 미국을 추격하고 있다.

속 쓰리다. 이세돌의 기억 때문이다. 그 역시 알파고와 붙어 깨졌다. 그러나 그뿐이었다. '그래도 한 번 이겼다'라는 자만심에서였을까, 우리는 그냥 찻잔 속 폭풍으로 한 번 지나갔을 뿐이다.

그게 한국과 중국의 차이였을까. 중국 정부의 강력한 이니셔티브는 막강한 데이터 축적 역량, 풍부한 투자 자금, 그리고 기업의 혁신 등과 어울리면서 어느덧 중국을 AI 슈퍼파워로 키웠다.

누가 이길까? 누가 AI 표준을 만들고, 기술 스탠더드를 이끌어가고, 결국 글로벌 경제 패권을 쥘까?

필자는 그 답을 모른다. 전문가의 영역이다. 그래서 'AI의 오라클'이라는 별명을 가진 AI 전문가 리카이푸의 견해를 들어본다. 《AI 슈퍼파워》라는 책으로 국내에도 잘 알려져 있는 그는 대만계 미국인이다.

리카이푸는 기술이 '인터넷AI'에서 시작해 '기업AI'와 '지각AI' 단계를 거쳐 '자율AI'로 발전한다고 봤다. 그가 평가한 두 AI 슈퍼파워의 단계별 현재 기술 역량 비교는 이렇다.

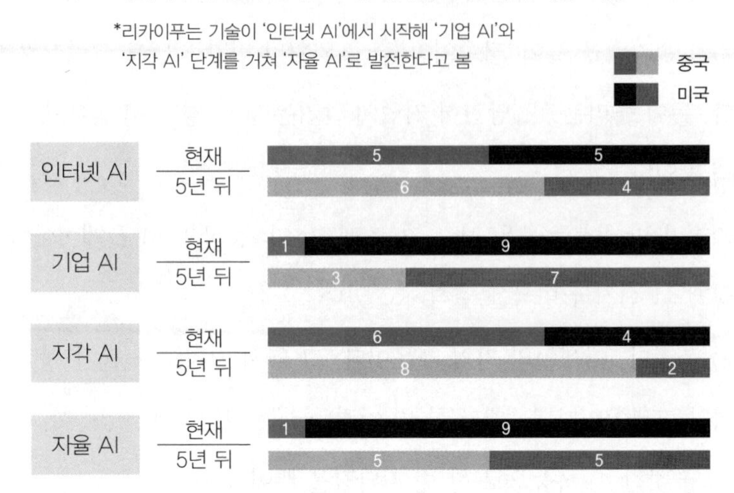

©중앙일보

5년의 시간, 단위 기업의 업무AI 분야를 제외하면 중국이 미국을 크게 리드하거나 비등한 수준으로 따라잡을 것임을 보여준다. '구글과 아마존, 페이스북만이 IT 발전을 리드한다고?' 노, AI는 다를 것이다. 중국인들은 그렇게 호언장담한다.

그리고 또 5년이 지나 2030년쯤이 되면 그 실력은 차이는 어떻게 변해 있을까?

ZTE는 어떻게 미국에 탈탈 털렸나

세계 최고 경제 강국 미국의 GDP는 약 21조 4000억 달러(2019년, 세계은행)에 달한다. 중국은 약 14조 3000억 달러. 중국이 미국의 약 66.8% 수준이다. 엄청난 속도였다. 2000년대 들어 프랑스, 영국, 독일을 차례로 제치더니 2010년 결국 일본을 밀어내고 글로벌 넘버 투에 올랐다. 여전히 엄청난 속도로 미국을 치받고 있는 중이다. '중국 경제가 언제 미국을 따라잡을 것이냐'에 대한 전문 기관의 예측도 점점 앞당겨져 왔다. 2030년이면 가능하다는 게 대체적인 분석이었고 2025년, 심지어 2~3년 후라는 전망이 나오기도 했다.

그런데 변수가 생겼다. 트럼프 등장 이후 '중국은 반드시 손봐야 할 대상'으로 미국에 찍혔다. 무역전쟁이 벌어졌고, 코로나 전염병 속에서

'5G의 선봉에 서는 ZTE'. 화웨이와 함께 중국 5G 시대를 선도하고 있는 ZTE는 바로 그 점 때문에 미국의 집중 공격을 받고 있다.

도 전쟁은 극렬하게 진행되고 있다. 그 한가운데 있는 게 바로 중국을 대표하는 IT 기업 화웨이다. 화웨이의 반도체 공급선을 끊고, 우방에게 '화웨이 제품 쓰지 마'라고 압력을 가한다. 그러나 이건 변죽에 불과할 수 있다. 화웨이에 대한 미국 법(法)의 직접적인 공격이 아직 남아 있다. 캐나다에서 체포되었던 화웨이 창업자 런정페이의 딸 멍완저우는 그 볼모다.

미국은 과연 화웨이를 굴복시킬 수 있을까? 미국은 어떤 방법으로 화웨이를 무릎 꿇릴까?

화웨이에 앞서 미국 법에 의해 탈탈 털린 ZTE의 사례를 보면 그림을 그릴 수 있다.

ZTE는 화웨이에 이은 중국 제2위의 통신장비 회사. 버티던 ZTE가 미국 법무부에 무릎을 꿇은 건 2017년 3월이다. '미국 부품이 들어간 첨단 제품을 이란과 북한에 팔았다'라는 혐의 사실을 인정해야 했다.

죗값 리스트를 전달받았다. 8억 9200만 달러의 벌금, 관련 임원 4명 해고, 경영진 35명 징계….

ZTE는 국유기업이다. 중국 국가 소유의 기업이 미국 정부에 벌금을 내야 한다? 중국 정부로서도 감당하기 어려운 일이다. 어쩔 수 없었다. "받아들이지 않으면 미국산 통신칩의 ZTE 공급을 끊겠다"라는 미국의 압박 때문이다. 그렇게 된다면 회사 문을 닫아야 할 판이다. 혐의를 인정하고, 벌금을 내야 했다.

그게 끝이 아니었다. 이듬해(2018년) 4월 미국 정부는 "앞으로 7년 동안 미국 기업과 ZTE의 모든 거래를 끊는다"라고 발표했다. "아니, 그렇게 하지 않는 조건으로 8억 9200만 달러를 '상납'하지 않았던가. 동네 양아치도 아니고…." 중국에서 비난 여론이 들끓었다.

경영진 35명의 징계가 문제였다. ZTE가 징계하지 않고 뭉개자, 미국 법무부가 이를 빌미로 다시 제재를 가하기 시작한 것이다.

ZTE는 3개월을 버티지 못했다. 제2차 합의로 벌금 10억 달러를 또 바쳐야 했다. 4억 달러는 이행 보증금으로 넣었다. 위반하면 4억 달러도 날아간다. ZTE로서는 미치고 환장할 노릇이다. 반도체 칩 하나에 코가 꿰어 이리저리 끌려다녀야 할 판이다.

그런데, 한 가지 의문이 남는다. 미국은 어떻게 ZTE의 속사정을 훤히 꿰뚫고 있었을까.

다시 2017년 3월 제1차 합의로 돌아가자. 당시 ZTE의 죗값 항목에는 '3년간 컴플라이언스를 둔다'라는 조항이 들어가 있었다. '컴플라이언스(compliance)', 우리말로 옮기면 '준법 감시' 정도가 된다. 미국이 선정한 준법 경영인을 고용해야 한다는 얘기다. 물론 급여는 ZTE가 낸다.

'공인된 스파이'다. 컴플라이언스로 ZTE가 준법 활동을 하고 있는지를 감시한다. ZTE의 내부 거래를 속속들이 들여다볼 수 있다. 정보는 속속 미국 법무부로 보고될 터였다. 제2차 합의에서는 컴플라이언스 기간이 당초 2020년에서 2022년으로 연장됐다. 너희들이 무슨 꿍꿍이 속을 갖고 있는지 2년 더 관찰하겠다는 뜻이다. ZTE로서는 자존심 완전히 구겼다.

그런데, ZTE의 치욕은 여기가 끝은 아니다. 2020년 3월 미국 법무부는 ZTE와 관련된 또 다른 사건 파일을 열었다. ZTE의 해외부패방지법(FCPA) 위반 혐의가 그것이다.

이건 또 뭔가. 이란 제재 위반으로 한 번 털고, 합의를 성실이 이행하지 않았다고 또 털고, 이번에는 '해외부패방지법'으로 다시 털겠다는 얘기다. ZTE는 또다시 미국 법정을 들락거려야 할 처지다. 탈탈 털린다. 이보다 더 적절한 표현은 없다. 회사에 컴플라이언스를 들여놓는 순간, 게임은 끝났다고 봐야 한다.

자, 더 큰 사냥감이 타깃에 올라왔다. 중국 5G를 주도하고 있는 화웨이다. 미국은 화웨이에 칩 공급을 끊겠다고 협박한다. '화웨이에게는 사지도 팔지도 말라'고 우방을 압박한다. 정치적 압박. 이 모든 걸 정리하는 게 바로 '법 공격'이다. ZTE가 그랬다.

그래서 미국은 '인질'이 필요하다. 협박을 하고 거래를 하려면 인질을 잡아둬야 한다. 멍완저우가 캐나다에서 미국으로 넘겨진 순간, 그는 '인질'의 길을 걸어야 한다.

런정페이 화웨이 CEO의 집무실 책상. 《미국함정(美国陷阱)》이라는 책이 놓여 있다(왼쪽).
이 책은 한 프랑스 기업인이 해외부패방지법 위반 협의로 미국 감옥에 갇혀야 했던 경험을 담았다.
캐나다에 억류된 그의 딸 멍완저우(오른쪽) 역시 미국으로 넘겨지면 같은 고초를 겪을 수 있다는 점에서
중국 독자의 관심을 모은 책이다. 국내에서도 같은 제목으로 출판됐다(위챗 캡처).

런정페이는 누구보다 이를 잘 알고 있다. 한 번 걸리면 결국 탈탈 털리고 만다는 사실도 안다. 그의 전략은 버티기다. 트럼프야 짧으면 6개월, 길어 봤자 5년이면 갈 사람이다. 최장 5년 버틸 화력 쌓아 놓고 버티자. 그런 한편으로는 EU에 전폭적인 혜택을 제시하며 미국-EU 사이를 벌리려고 노력하고 있다. 전폭적인 정부 투자를 활용해 반도체 자체 공급망을 만들어가고 있다. 자립의 힘을 기르고 있으면, 분명 전기(轉機)가 온다. 그게 런정페이의 생각이다.

그 전기는 과연 올 것인가. 화웨이는 과연 ZTE의 전철을 밟지 않아도 될 것인가?

이 문제는 단순히 화웨이의 미래에 그치지 않는다. 미국과 중국이 벌이고 있는 기술 패권전쟁의 앞날과 관계가 있다. 화웨이가 트럼프의 공격에 손을 드는 순간 중국의 미국 추격 시기는 늦춰질 수 있다. 아니 어쩌면 일본이 그랬듯, 기나긴 세월을 '잃어버린 시절'로 보내야 할 수도 있다.

헐렁한 냉전

'엄마 좋아, 아빠 좋아?'

이 유치한 질문은 아이에게 스트레스일 수 있다. 엄마, 아빠 눈치를 봐야 한다. 그래서 내놓는 답이 '둘 다 좋아~' 아니던가….

'미국 좋아, 중국 좋아?'

이 질문을 받게 된다면 '둘 다 좋아'라고 답해야 하는데…. 그러면 어느 한 놈이 '분명하게 말해'라고 윽박지를 것 같다. 아기 몸 찢지 말라고, 그냥 당신이 데려가라고 눈물로 돌아설 친부모도 없다. 오로지 잔인한 패권자만 있을 뿐이다. 아, 스트레스다.

점점 더 옹색한 처지로 빠져들고 있다. 코로나 비방은 무역전쟁 재발로, 다시 환율전쟁으로, 더 나아가 패권전쟁으로 비화되는 모양새다.

엄마냐 아빠냐를 선택해야 하는 스트레스.

가만히 생각해보자. 호랑이에 물려가도 정신은 바짝 차려야 할 것 아닌가….

모두들 신냉전을 얘기한다. 그러나 미 · 중 관계는 옛 미국과 소련의 관계로 돌아가지 않을 것이라는 게 필자 생각이다. 그렇게 전면적이고 장기적인 냉전까지는 안 갈 것이라는 얘기다.

그 이유는 이렇다.

중국은 일본과 다르다. 일본은 방위를 미국에 의존한다. 미국 '형님'이 주먹 쥐면 '오매 기죽어' 하고 머리를 처박는다. 일본 장기 불황의 도화선이 됐던 1985년 플라자 협정도 그렇게 당했다.

그러나 중국 방위 시스템은 미국과 다르다. 힘도 만만치 않다. 맞짱은 뜨지 못하더라도, 버틸 군사력은 충분하다. '미국 승, 중국 패'. 이렇게 쉽게 단정할 수 없다.

중국은 옛 소련과도 다르다. 소련 경제는 미국에 아무것도 아니었다. 완전히 따로 놀았다. 그러니 경제 관계를 끊어도 문제가 없었다.

WTO가입 이후 '메이드 인 차이나' 제품은 미국 월마트 진열대를 잠식해갔다. 미국 소비자들은 이미 중국 산 싸구려 제품에 생활 수준을 맞추고 있다. 나이키도, 애플도 중국 없이는 제품을 만들 수 없는 지경이 됐다. 스타벅스는 미국보다 더 많은 가맹점을 곧 중국에 둘 것이라고 자랑한다. 그걸 어찌 하루 아침에 끊겠는가.

바이든의 리더십도 봐야 한다. 거칠었던 트럼프가 나가고 바이든이 백악관을 차지했어도 미국 정가의 '중국 때리기' 분위기는 지속될 것으로 보인다. 바이든의 전략은 '진영 스크럼'이다. 민주 진영 국가와 연합해 중국 압박에 나설 것으로 예상된다. 그러나 트럼프식의 직접적인 압박과 대결 구도는 최소한 경제 분야에서는 많이 누그러질 것으로 전망된다. 게다가 중국과의 이해관계는 나라마다 다 다르고, 대부분의 나라에 크리티컬한 사안이다.

그렇다면 어떤 구도가 형성될까. 중국에 대한 봉쇄 여전할 것이다. 그러나 옛날 미소 냉전처럼 물샐틈 없는 단절과 봉쇄, 서방의 통일된 압박은 어려울 것으로 본다. 필자는 이를 '헐렁한 냉전'으로 표현하고 싶다.

일본은 얼른 미국에 줄 섰다. 2020년 초까지만 해도 중국에 '딸랑딸랑'하더니 도쿄 올림픽이 연기된 후에는 미국으로 확 돌아섰다. 중국은 그런 일본이 괘씸하다. 호주 역시 중국의 대척점에 섰다가 경제에 금이 가고 있다.

중국은 다르다. 미국과 중국 경제는 커플링(coupling)되어 있다. 2001년 WTO 가입 이후 중국 경제는 너무도 깊숙이 서방 서플라이 체인을 파고들었다. 걷어내기 쉽지 않다. 미국 경제도 타격을 받을 수밖에 없다.

트럼프의 리더십도 봐야 한다. 미국 정가의 '중국 때리기' 분위기는 흐름으로 자리 잡고 있는 듯 보인다. 그렇다 하더라도 점점 극렬해지는 트럼프의 중국 공격은 대선용 성격이 짙다. 대선이 어떻게 끝날지, 대선 후에도 트럼프의 날 선 중국 공격이 이어질지는 지켜봐야 한다.

트럼프가 재선된다고 하더라도 문제는 있다. 그가 중국 타도의 기치를 든다면, 과연 다른 서방 나라들이 깃발 아래로 모일까? 그의 글로벌 리더십을 말하고 있는 것이다. 글쎄다…. 게다가 중국과의 이해관계는 나라마다 다 다르고, 대부분의 나라에 크리티컬한 사안이다.

옛날 미소 냉전처럼 물샐틈없는 단절과 봉쇄, 서방의 통일된 압박은 어려울 것이다. 필자는 이를 '헐렁한 냉전'으로 표현하고 싶다.

일본은 얼른 미국에 줄 섰다. '코로나는 메이드 인 차이나'라고 선언해 버린 것이다. 불과 몇 개월 전까지만 해도 중국에 딸랑딸랑하더니만…. 중국은 그런 일본이 괘씸하다.

신중해야 한다. 어설피 줄 섰다가는 진짜로 얻어맞는 수가 있다. 우리는 너무도 약점이 많기에, 누구 하나에게 맞아도 그냥 그로기다. '저 놈 편에 섰네'라는 인상을 주는 순간, 강펀치 맞는다. 부모의 회초리 수준이 아닌, 깡패의 주먹이다. 일본처럼 해선 안 된다.

'헐렁한 냉전' 시대가 된다면, 그에 맞는 대응법은 분명 있게 마련이다. 당장 홍콩을 보자. '홍콩'은 죽었다. 서방과 중국을 잇던 브리지가 홍콩이었다. '헐렁한 냉전'의 시기, 누가 '홍콩' 역할을 할 것인가? 그런 눈으로 홍콩 사태를 관찰해야 한다.

冷静觀察

냉정하게 사태를 파악하라

穩住陣脚

내부 진용을 굳건히 지켜라

沈着應付

무겁고 침착하게 응대하라

덩샤오핑의 말이다. 우리에게도 적용되는 말이다. 매의 눈으로 사태를 관찰해야 한다. 선택에 휘둘리지 않으려면 스스로 강해져야 한다. 내부 진용을 굳건히 지키라는 말은 그 뜻이다. 그래야 어지럽게 변화하는 정세 속에서도 흔들리지 않고 무겁게 움직일 수 있다.

'엄격한 냉전'이라면 모호한 전략이 통하지 않겠지만, 헐렁한 냉전에서는 공간이 있을 수 있다. 그 공간을 파고들어 기민하게, 때로는 교활하게 움직여야 한다. 섣불리 줄 섰다 큰 펀치 맞는다.

"엄마가 좋아, 아빠가 좋아?"

예나 지금이나, 정답은 하나, "둘 다 좋아"이다. 우리는 그 답을 내놓을 수 있어야 한다.

‘정치 리스크’가 추가된 중국 비즈니스

프랑스는 달라이 라마를 초청했다가 중국 까르푸 매장이 돌팔매 공격을 받았고, 노르웨이는 민주 인사 류샤오보에게 노벨평화상을 수여했다가 연어 수출이 막히기도 했다. 일본은 센카쿠(중국명 댜오위다오) 분쟁으로 하루아침에 중국산 희토류를 수입할 수 없게 됐다. 이밖에도 ‘차이나 불링(China Bullying)’ 사례는 많다. 중국은 정치 · 외교 · 군사 문제를 경제 보복으로 연결시킨다.

사드 사태를 지나오면서 우리 기업의 대중국 비즈니스에는 새로운 위험 요소가 하나 추가됐다. 바로 ‘정치 리스크’다. 예전 같으면 정치는 비즈니스에 긍정적인 역할만 했다. 한중 양국의 우호 관계가 비즈니스에 도움을 줬으니 말이다. 심지어 기업 차원에서는 안 되던 일도 정치가 나서면 쉽게 풀리곤 했다. 양국 정상회담 때 한국 대통령이 특정 기업의 프로젝트를 언급하며 잘 봐달라고 부탁하기도 했다. 그러면 안 풀리던 일이 거짓말처럼 해결되는 경우가 종종 있었다.

그러나 지금은 다르다. 오히려 정치가 비즈니스를 망치는 경우가 많다. 심하면 중국에서 쫓겨날 수도 있다.

삼성, LG, 포스코, 현대자동차 등 많은 우리 기업들이 중국에조 단위 규모의 투자를 진행하고 있다. 그중 일부에서는 삐거덕거리는 소리가 국내까지 들린다. 중국 시장은 흔히 '지뢰밭'으로 표현된다. 리스크가 도처에 산재해 있기 때문이다. 여기에 정치 리스크가 하나 더 추가됐다는 것은 그만큼 중국 비즈니스가 더 복잡해지고 어려워지고 있음을 보여준다. 우리는 지금 '정치 리스크가 중국 비즈니스의 상수가 된 시대'에 살고 있다.

중국에서 탈출하라고?

미국과 일본 정부가 나섰다. 미국은 중국에서 돌아오는 기업의 이전 비용 100%를 지원키로 했다. 트럼프는 '경비 대줄 테니 빨리 돌아오라' 라고 재촉한다.

일본은 중국 철수 자금으로 2435억 엔(약 2조 7700억 원)을 마련했다. 2200억 엔은 중국에서 일본으로 돌아오는 기업에 쓰이고, 나머지는 중국에 있던 공장을 동남아 등 다른 국가로 이전하는 데 지원된다.

새롭지 않다. '리쇼어링(제조업의 본국 회귀)'은 트럼프 행정부의 일관된 정책이다. 애플에게도 핸드폰 공장을 가져오라고 압박한다. 일본 역시 꾸준히 '차이나+1(중국 외의 대체 시장)' 정책을 추진해왔다.

이 같은 정책이 코로나 19사태가 터지면서 더 선명하게 부각되고 있다는 사실에 주목해야 한다.

서방 국가들에게 코로나 19를 '유발'한 중국과의 '디커플링(decoupling)'은 시급한 과제가 됐다. 마스크를 사려 해도 중국에 손을 벌려야 하고, 방호복을 구하려 해도 결국 중국에 아쉬운 소리를 해야 한다. '잠재적 적성국 중국에 대한 의존도가 너무 높다.' 그 리스크가 현실화되고 있는 것이다.

2001년 중국은 WTO에 가입했고, 이를 계기로 서방 경제의 공급 사슬에 끼어들게 됐다. 그렇게 20여 년, 이제 중국은 거의 모든 산업 영역에서 글로벌 서플라이 체인의 중심부를 차지하고 있다. 코로나 바이러스는 그 위험성을 부각시킨 것이다.

자, 그렇다면 이제 기업들은 스스로 질문을 던져야 한다. "우리는 과연 중국 없이도 비즈니스를 꾸려나갈 수 있을 것인가"를 말이다.

답을 내기 위해서는 몇 가지 고려할 게 있다.

첫째, 산업 여건이다.

서방 기업이 중국에 달려간 가장 큰 이유는 낮은 임금에 있다. 그러나 상황이 바뀌었다. 지금 임금이라면 베트남이, 멕시코가 훨씬 싸다. 그럼에도 중국을 떠날 수 없는 이유는 역시 이미 탄탄해진 중국의 산업 여건 때문이다.

베트남으로 공장을 이전했지만, 그 공장에서 쓸 부품을 중국에서 가져와야 한다면 생산 코스트는 오히려 높아질 수 있다. 멕시코 공장 자재를 중국에서 가져와야 한다면 그건 더 큰 문제다. 중국에는 이미 대부분의 산업에서 상당한 수준의 중간재-완제품의 생산 라인이 구축되

2019년 11월 상하이에서 열린 '중국 수입 박람회'의 GE 부스.
미중 무역전쟁 속에서도 GE는 중국 시장을 공략하기 위해 꾸준히 공을 들이고 있다.

어 있다.

둘째, 인프라다.

도로, 철도, 항만, 공항 등 지금 중국의 인프라는 20년 전과는 비교할 수 없을 정도로 발전했다. 세계 절반 이상의 고속철도 노선이 중국에 깔려 있다. 항공, 해운 등도 거의 사통팔달 수준이다. 화웨이 등의 활약으로 통신 인프라 역시 다른 신흥국과는 비교할 수 없을 정도로 빠르다. 5G를 선두한다고 하지 않던가.

소프트 인프라도 뛰어나다. 매년 600만 명의 대졸 졸업생이 쏟아져 나오고, 1만 개 정도의 직업학교에서 산업인력을 배출하고 있다. 이런 유무형 인프라를 신흥국 어디서 구할 수 있을지도 고민해야 한다.

셋째, 소비시장이다.

중국은 세계 제2위의 경제 대국으로 성장했다. 그만큼 소비시장 규모가 커졌다. 현대 소비의 핵심인 자동차만 하더라도 세계 최대 시장이다. 핸드폰? 역시 세계 최대 시장이다. 뭐든 세계 최대다.

중국은 코로나가 경제를 할퀴기 전 어쨌든 매년 6% 안팎의 성장세를 보이던 시장이다. 공장은 가급적 시장 가까운 곳에 둬야 한다. 글로벌 기업이 과연 이 큰 시장을 포기할 수 있을까?

이 3가지 여건을 고려하고도 '중국 없이 살 수 있다'라고 판단된다면, 중국에서 짐 싸도 된다. 지재권 강탈, 정책 돌변 등 중국에는 리스크도 많으니 말이다.

그러나 그게 아니라면? 얘기는 달라진다. 정부가 아무리 돈을 대준다고 해도, 기업은 선뜻 따르기 어렵다. 그래서 더 고민이다.

우리 얘기이기도 하다. 전체 수출의 30% 이상을 중국에 의존하는 건 어찌 보더라도 위험하다. 사드, 코로나 19 등으로 그 리스크는 기업 회계장부에 나타나고 있다. '몰빵의 저주'다. 그러기에 서방 기업에게 던져진 바로 그 질문은 우리 기업에게도 같은 숙제로 남는다.

시간은 과연 미국의 편이었을까?

취업을 앞둔 대학 4학년생들에게 특강을 한 적이 있다. 이름만 대면 모두 알 만한 명문 대학이었다. 학생들에게 물었다.

"여러분, 미국과 중국을 일컬어 G2라고 하는데, G2의 'G'가 무엇의 약자입니까?"

한 학생이 "Great요!"라고 자신 있게 외쳤다. "틀렸다"고 하니, 그의 얼굴이 굳어졌다. 고개를 갸우뚱하던 그들은 'Grand', 'Good', 'Growth' 등의 답을 냈다. 모두 아니라고 했더니, 나중에는 한 녀석이 우스갯소리로 'Girl'이라고 했다. 모두 웃었다.

답은 'Group'이다. G7은 'Group of 7', G20는 'Group of 20'. G2는 미국과 중국을 묶어 'Group of 2'라고 표현한 데서 나온 것이다.

G2의 뜻을 명확히 알아야 할 이유는 그 속에 글로벌 경제의 흐름이 고스란히 담겨 있기 때문이다. 그 과정을 보면 이렇다.

1973년 오일쇼크 이후 세계 경제를 주도하는 나라는 서방 선진 7개국이었다. 미국, 프랑스, 영국, 독일, 일본, 캐나다, 이탈리아 등이다. 이들을 묶은 게 바로 G7이었다. 이들 '부자클럽'은 1975년부터 G7회의라는 이름으로 만나기 시작하더니, 재무장관과 중앙은행 총재, 정상 등이 수시로 만나 세계 경제를 재단했다. 일본의 잃어버린 20년을 가져왔다는 '플라자 협정(Plaza Accord)'도 그 결과물 중 하나다. 1985년 9월 22일 뉴욕의 플라자호텔에서 열린 G7 재무장관회의 결과가 플라자 협정이었다(당시 이탈리아와 캐나다는 참석하지 않아 사실상 G5회의가 됐다).

그러나 2008년 미국에서 금융위기가 터지면서 G7의 리더십이 타격을 받게 된다. 위기의 진원지가 G7의 핵심 국가인 미국이었던 때문이다. 침몰하는 세계 경제를 구하기 위해서는 신흥국까지 포괄하는 더 넓은 범위의 협의체가 필요했다. 그래서 생긴 게 주요 20개국 정상들의 모임인 'G20'다. 2010년 서울에서 열렸던 바로 그 회의다.

그런 한편에서 월가를 중심으로 '다른 나라 다 필요 없고, 미국과 중국만 나서면 된다'라는 주장이 제기된다. 2008년 금융위기는 미국과 중국의 불균형이 낳은 현상이므로 두 나라가 손을 잡고 문제를 해결해야 한다는 주장이다. 월가의 유명 칼럼니스트인 윌리엄 페섹이 "G2가 나서야 세계 경제 문제가 풀린다"며 거들었다. 물론 두 나라를 묶어 G2라고 했던 표현은 그 전에 학계에서 나왔는데, 본격적으로 쓰인 것은

2008년 금융위기 이후였다.

1, 2위 경제 대국 미국과 중국 간 벌어진 경쟁의 역사를 보자.

2000년 5월, 미국 의회는 중국에 대한 '항구적 정상교역관계(PNTR)' 지위 부여를 놓고 논란을 벌이고 있었다. 중국이 PNTR 지위를 얻는다면 매년 거쳐야 하는 의회의 '최혜국대우(MFN)' 심사를 피할 수 있게 된다. 정상적인 교역 대상국이 되는 것이다. 중국이 바라고 또 바라던 일이다. 그러나 법안은 당시 야당이었던 공화당의 반발에 부딪히게 된다. 민주 · 공화 양당은 한 치의 양보 없는 기싸움을 벌였다.

이 사안은 당시 대통령 선거에서도 중요 이슈로 등장했다. 공화당 대통령 선거 후보였던 조지 W. 부시 전 대통령은 시애틀의 보잉공장을 방문했을 때 직원들이 보는 앞에서 PNTR에 대한 자신의 의견을 밝힌다.

"중국과 자유롭게 교역하라. 시간은 우리 편이다(Trade freely with China, and time is on our side)".

그의 논리는 분명했다. 중국 경제가 미국 덕에 성장한다면 반드시 자유시장경제 체제로 편입될 것이라는 주장이었다. 미국 경제가 중국을 압도할 수 있다는 자신감의 표현이기도 했다. '중국이 1달러짜리 셔츠 1억 장을 만들어 미국에 수출해 봐야 그들에게 1억 달러짜리 보잉기 한 대 팔면 그뿐'이라는 자신감이다.

덕택에 '중국 PNTR' 법안이 통과됐다. 공화당으로서도 대통령 후보가 찬성한다니 더 이상 밀어붙이기가 어려웠던 것이다. 더 나아가 중국은 그다음 해인 2001년 11월 WTO 가입에 성공했다. 미국의 '도움'이 있었기에 가능했던 일이다.

그로부터 17년, 시간은 정말 미국 편이었을까? 부시 전 대통령의 말대로 중국은 미국의 의지대로 움직이는 자유시장경제 국가가 되었을까?

아니다. 중국은 오히려 '이제 내가 글로벌 규칙을 정하겠다'고 미국에 도전하고 있다. '일대일로(一帶一路, 육상 · 해상 실크로드)'라는 거대한 경제블록을 설정해놓고 헤게모니를 넓혀갈 태세다. 정치적으로는 태평양을 나눠 관리하자고 나선다. 도널드 트럼프 대통령이 직면한 중국이기도 하다.

2018년 3월 트럼프는 중국을 향해 '무역전쟁'의 포탄을 쏘아 올렸다. 당시 그가 중국에서 들여오는 500억 달러어치의 수입품에 25%의 관세를 부과할 방침이라고 발표할 때까지만 해도 중국은 협상용 엄포로 생각했었다. 그러나 관세는 어김없이 부과됐고, 대상 품목은 갈수록 늘어났다. '내 기어이 중국의 버르장머리를 고쳐놓겠다'고 달려드는 양상이다.

전쟁의 씨앗은 2001년 중국의 WTO 가입 때 뿌려졌다. 트럼프는 중국의 WTO 가입으로 약 240만 개의 미국 일자리를 중국에 빼앗겼다고 여긴다. 그 대표적인 사례가 미국 노스캐롤라이나주의 대표적인 가구도시인 히커리(Hickory)다. 이 도시는 1999년 실업률이 2% 남짓이었지만 2015년에는 15%로 높아졌다. 중국에서 가구가 쏟아져 들어왔기 때문이다. 서방의 자유무역 시스템으로 중국만 득 봤다는 게 트럼프의 시각이다.

미국이 지금 중국을 공격해야 하는 두 번째 이유는 '기술 도둑'이다. 중국은 언제나 미국 기술을 베끼는 데 익숙한 '짝퉁의 나라'였다. 그런데 요즘 좀 이상해졌다. 5G, AI, 전기자동차, IoT 등 차세대 먹거리 분야에서 미국을 압도할 기세다. 화웨이는 5G 영역에서 글로벌 스탠더드를 만들고, BYD는 전기차 시장에서 세계적인 기업으로 자라고 있다. 이른바 4차 산업혁명 분야에서 중국이 한판 뒤집기를 시도하고 있는 것이다. 게다가 정부는 '중국제조 2025'라는 국가 프로젝트로 혁신을 주도한다. 위협이 아닐 수 없다. 트럼프가 무역전쟁 초입에 대표적인 중국 ICT기업인 ZTE, 화웨이를 두들겨 팬 이유다.

무역전쟁은 종국적으로 거버넌스에 관련된 문제로 비화된다.

중국이 "엇! 미국 별것 아니네?"라고 생각한 건 2008년 세계 금융위기 때였다. 서방 자유시장경제의 본산이라는 월스트리트에서 금융위기가 터진 것이다. 중국은 4조 위안에 달하는 경기부양 자금을 풀어 독야청청 홀로 성장세를 누렸다. 미국의 양적완화(달러 풀기)에 넌더리를 친 중앙은행(중국인민은행) 행장 저우샤오촨은 "위안화를 기축통화의 반열에 올리겠다"며 위안화 국제화에 나섰다. "드디어 중국 사회주의가 자본주의를 구하는 시대가 왔다"라는 얘기도 나돌았다.

2012년 집권한 시진핑은 한발 더 나갔다. 위대했던 중화민족의 부흥을 외치며 '중국몽'을 국가 비전으로 제시했고, 유라시아 70여개 국가를 '일대일로 주변 국가'로 묶어 차이나 스탠더드를 선전하기 시작했다. ADB(아시아개발은행)를 대체할 AIIB(아시아인프라투자은행)도 만들었다. "태평양은 넓으니 미국과 중국이 나눠 관리하자"는 얘기를 꺼낸 것도 그때다. 미국 패권에 대한 도전이다.

지금 트럼프가 벌이고 있는 무역전쟁은 10년 전 시작된 중국의 패권 도전에 대한 응전이었던 것이다.

미국의 입장은 분명하다. 글로벌 밸류 체인(GVC)에서 중국을 쫓아내는 것이다. 중국은 WTO 가입을 통해 GVC에 깊숙하게 들어왔고, 이를 통해 기술을 빼내고 있다. 자국의 방대한 시장을 무기로 기술을 끌어들인 뒤 이를 흡수하고, 다시 혁신을 시도한다. 이 고리를 끊어야 한다는 게 트럼프의 확고한 생각이다.

미국은 중국이 서방화되지 않으리라는 걸 알고 있고, 중국은 언젠가 미국을 뛰어넘어야 할 대상이라고 여기고 있다. 미국과 중국의 균열 시대는 이미 시작됐다.

그러기에 이제 G2라는 용어를 더 이상 쓰지 말아야 한다. 그건 두 나라가 어떤 문제를 해결하기 위해 힘을 모을 때나 쓸 수 있는 말이다. 트럼프–시진핑 시기의 중국과는 어울리지 않는 용어다. G2의 'G'를 'Great'로 잘못 알고 쓴다면 더더욱 안 될 일이다.

미국과 중국은 왜 첨단 기술에 집착할까

무려 14개다. 미국이 중국으로 수출을 규제하는 분야다. 나열해 보면 이렇다.

바이오, 인공지능 및 머신러닝, 위치항법 기술, 마이크로프로세서 기술, 첨단 컴퓨팅, 데이터 분석, 양자 정보 및 양자 센싱, 물류 기술, 3D 프린팅, 로봇공학, 뇌 · 컴퓨터 인터페이스, 극초음속학, 첨단 신소재, 첨단 감시 기술.

새 먹거리로 주목받는 기술은 다 포함됐다. 미국도 숨기지 않는다. 규제 근거인 수출통제개혁법(ECRA)에선 14개 규제 분야를 '신흥 기술과 기초기반 기술'로 규정했다. 법은 2018년 통과됐다.

대외정책연구원(KIEP)이 최근 공개한 '첨단 기술을 둘러싼 미 · 중

미중 기술패권 분쟁 관련 수출통제기업 리스트 추가 일지

일시	산업	대표 기업
2018.10.29	반도체	JHICC
2019.5.15	5G	Huawei 본사 및 계열사 포함 68개 사
2019.6.24	슈퍼컴퓨터	Sugon, Higon 등 5개 사
2019.8.13	원자력발전	China General Nuclear Power Corporation과 그 자회사
2019.8.19	5G	Huawei 해외 계열사 46개 사
2019.10.7	AI	Hikvision, Dahua Technology, iFLYTEK, SenseTime, Megvii 등
2020.5.22	AI, 로봇, 사이버보안, 슈퍼컴퓨팅	Qihoo 360, Cloudminds Inc. 등

ⓒKIEP

간 패권 경쟁 분석' 보고서에 따르면, 미국은 14개 분야에선 중국 수출을 철저히 관리한다. 말이 관리지 사실상 금지다.

법을 보면 그렇다. 미국 안보 및 국익을 해칠 중국 회사를 수출통제기업 리스트(Entity List)에 올린다. 이들 기업에 제품을 수출하려면 미 당국 승인을 받아야 한다. 허가 없이 중국에 수출하면 그 업체는 바로 미 상무부 금지고객 리스트에 오른다. 이러면 미국 기업과의 거래 또는 미국 기술 사용이 막힌다.

리스트에 오른 중국 기업 외에 중국인과의 공동연구도 금지했다. 사람에 의한 기술 이전도 대중 수출로 간주하는 거다.

우리와 거래하려면 첨단 기술에선 중국과 연을 끊어라.

미국은 전 세계에 엄포를 놓은 셈이다.

이유가 있다. KIEP 보고서를 보자. 미국은 요즘 첨단 기술은 민군겸용(民軍兼用)이란 점을 우려한다. 과거엔 핵 등 일부 군용 기술만 안보 문제와 연결됐으나 최근엔 모든 분야의 첨단 기술이 안보에 직결된다

는 거다. 5G, AI, 빅데이터, 로봇, 항공 우주 등이 대표적이다. 그런데 이 분야에서 중국이 부상한다.

발전 속도가 무섭다. KIEP는 국가별 기술혁신 생산성을 추정했다. 연구개발(R&D) 인력과 R&D 투자 금액 대비 국제특허 실적으로 계산했다. 이에 따르면 중국은 이미 2014년 하반기에 미국을 추월했다. 같은 수준의 지출을 해도 신기술을 더 많이 확보한다는 말이다.

걱정은 최근 더 커졌다. 동영상 공유 앱 틱톡을 볼 필요가 있다. 틱톡은 중국 기술 2.0을 보여주는 사례다. 틱톡을 만든 바이트댄스(ByteDance)는 기존 중국 업체와 다르다. 바이두, 위챗, 알리바바 등은 미 실리콘밸리를 모방해 컸다. 구글, 왓츠앱, 아마존을 따라 했다는 말이다. 하지만 틱톡은 독창적 모델로 세계적으로 인기다. 미국의 월간 틱톡 활성 사용자는 2700만 명이다. 절반은 16~24세다.

오죽하면 뉴욕타임스가 "미국인이 처음으로 중국 SNS 플랫폼의 영향을 받는 세상"이라고 표현할까. 최근 폼페이오 미 국무장관이 "틱톡 제재는 국가 안보 문제"라며 "휴대폰 속 중국 앱을 바로잡을 것"이라며 틱톡에 선전포고를 할 정도다.

미국의 방어논리는 '불공정'이다.

중국의 기술 개발 방식이 '반칙'이라는 거다. KIEP는 "미국은 중국이 암묵적 기술이전 강요, 정부 주도의 조직적인 해외 기업 인수합병, 불법적 보조금과 국영기업 이용한 해외투자, 해킹을 통한 영업 기밀과 기술 · 지적재산권 탈취를 벌이고 있다고 본다"고 분석한다.

그렇기에 2019년부터 화웨이를 '산업 스파이'로 규정하고 강력 제재에 나서는 거다. 얌전한 방법으론 말을 안 들으니 인정사정 안 봐주고 중국을 찍어 누르겠다는 생각이다.

중국은 어떨까. 역시 포기 안 한다. KIEP는 "미국은 보조금이 공정한 경쟁을 왜곡한다며 중국에 철폐를 강요하지만, 중국은 응할 생각이 없다. 보조금 정책은 그동안 중국 경제 발전의 근간이었기 때문"이라고 분석한다.

더구나 부를 분배하는 것은 그동안 공산당 지도부가 권력을 잡은 원천이다. 때문에 중국으로선 보조금으로 미국이 걸고넘어지는 건 중국의 핵심 이익을 건드리는 거라 본다.

"미국 말대로 하면 중국 경제는 발전하기 힘들다. 나아가 공산당 정권이 흔들린다"인 거다.

KIEP의 향후 미·중 갈등 시나리오에서 '갈등 관계 장기화'가 상수인 이유다. ①갈등 중 부분적 협조 ②갈등 첨예화. 두 가지 선택지만 있을 뿐이다.

중요한 건 우리다.

양자택일하라는 미·중 압박은 커질 거다. KIEP는 '기술이 해결책'이라 본다. 미·중 갈등 본질이 기술 패권인 만큼 우리가 이들보다 앞선 기술이 있으면 쉽게 뭐라 못한다는 거다.

사례가 있다. KIEP는 "일본은 화웨이 갈등에서 빠르게 미국 편에 섰지만 중국이 보복을 하지 않았다"며 "신산업 개발을 위해 일본의 소재, 부품, 장비가 필수적이라 보기 때문"이라고 해석했다. 우리도 경험했다. 화웨이가 최근 삼성전자에 러브콜을 보내지 않았던가.

문제는 앞으로다. KIEP는 "중국의 혁신 생산성은 현재 한국의 80% 수준이지만, 빠른 성장 속도를 고려하면 곧 추월할 가능성이 크다"고 본다. 고래 싸움에 새우등 안 터지는 길. 우리가 스스로 만들 수 있을까.

AI, 미국은 중국을 못 따라간다?

여기 한 장의 그림이 있다. 신문을 넘기다 놀라서 빨려들 듯이 쳐다봤다. 간단한 그림이다. 미국과 중국의 로봇팔들이 팔씨름을 벌이는 장면을 묘사했다. 로봇팔의 근육량이 비교가 안된다. 미국은 앙상한 뼈대에 빈약한 알통으로 묘사됐다. 이게 현실인가.

© FT

이 그림은 파이낸셜타임스(FT)의 2019년 4월 17일 자 마틴 울프 칼럼에 붙은 삽화다. 중국 AI(인공지능)산업의 현주소와 잠재력을 다뤘다. 울프의 관심은 미국이 리드하고 있는 AI 산업의 현주소가 아니었다. 오히려 중국의 무시무시한 성장 잠재력에 집중됐다. 이 잠재력은 먼 미래의 얘기가 아니다. 바로 몇 년 뒤의 일이라는 점에서 충격적이다. 근거는 대만 출신으로 미국과 중국을 무대로 뛰는 AI 전문가의 신간 《AI 슈퍼파워》에서 찾았다.

이 책의 저자이자 울프가 만난 AI전문가는 누구일까.

구글차이나 대표를 지냈던 리카이푸(李開復)다. 그는 애플 연구개발 임원을 시작으로 마이크로소프트(MS) 인터랙티브 서비스 부문 부사장을 거쳐 구글에 입성했던 AI 전문가다. 마틴 울프의 독후감을 따라가보자.

©인민망

"리카이푸는 중국이 AI 영역에서 기술적으로 대단한 혁신을 이끌고 있다고 주장하는 것은 아니다. 중요한 것은 혁신이 아니라 기술의 현실화이자 운용이다."

인공지능계의 주력 분야가 발견 · 혁신에서 운용으로, 전문가에서 데이터로 옮겨가고 있는 현실을 지적한 것이다. 머신러닝처럼 AI의 중요한 혁신과 발견은 이미 이뤄졌고, 이제 중요한 것은 운용 · 실행 기술을 통해 산업화하는 것이다.

어렵고 추상적인 연구들이 돌파구를 찾으면서 상당수 완료됐고, 이제 알고리즘을 지속가능한 비즈니스로 바꾸는 '현실응용'의 시대가 됐다는 얘기다. 전기가 발견된 후 조명과 전차 등 산업 분야에 응용됐듯이 말이다. 비즈니스로 만드는 일은 누가 잘할까. 리카이푸의 주장이다.

"미국의 스타트업들은 늘 하던 대로 하는 것을 고집할 것이다. 정보교류를 활성화하는 말끔한 디지털 플랫폼을 만드는 것 말이다. 반면 중국 기업은 진짜 세상에서 손을 더럽힌다. 온라인과 오프라인 세상을 통합하고 있다."

중국은 AI 분야에서 미국에 비해 몇 가지 비교우위가 있다고 리카이푸는 강조한다.

첫째, 권위 있는 AI 연구자들의 작업이 이미 온라인에 올라 있다. 접근성이 좋아 AI 성과를 공유할 수 있다는 점이다. 산업혁명 당시의 기술독점 시대와는 차원이 다른 환경이라는 것이다.

둘째, 살인적인 가격경쟁이 일어나고 무자비한 베끼기가 횡행하는 중국 비즈니스 환경이다. 유수의 해외 기업도 중국 시장에서 버티지 못하고 밀려나는 근본적인 이유 가운데 하나다. 반면 중국 기업은 될 때까지 실험하고 도전을 장려하는 비즈니스 문화 속에서 AI 산업의 과실을 축적하고 있다는 것이다.

이런 문화는 기술과 윤리의 충돌 문제를 돌파하는 기폭제가 되고 있다. 기술의 고도화와 상업화 과정에서 중국이 서구에 비해 확실한 비교우위를 점하는 영역이다.

이와 함께 중간 단계를 건너뛰고 바로 고도화 단계로 들어가는 기술 추격자의 '개구리 점프식 기술 도약(leapfrogging)'의 잇점도 중국은 확실히 누리고 있다. 신용카드 결제 기반이 약하고 현금 사용 비중이 높은 중국이 일반적인 지급결제 기술과 인프라 구축 단계를 건너뛰고 세계 최대 간편결제 시장으로 급부상한 게 대표적 사례다.

또 있다. 인구밀도가 높은 도시들이 동남부 연해에 몰려 있어 서비스 산업 발전에 유리한 환경이고, 막대한 인터넷 데이터를 모을 수 있는 정책 · 제도 · 문화적 환경도 비교우위다.

수집된 데이터가 많을수록 딥러닝이 정교해진다. AI 수준이 높아질 수밖에 없다.

중국은 인구가 많고 인터넷 보급률이 높아 많은 데이터를 수집할 수 있다. 10억이 넘는 인구가 모바일 페이로 결제한다. 모바일 앱을 이용해 자전거를 빌려 타거나 음식을 주문해 먹는 중국에서는 거대한 빅데이터가 매일 쏟아지고 있다.

정리하자면, 중국이 서구, 특히 미국에 비해 AI산업 발전의 결정적

비교우위가 있는데, 그 가운데 정부가 나서서 전 국가적으로 AI산업 육성을 밀어붙이고 있고, 프라이버시에 대한 사회적 인식이 낮으며, AI의 연료인 데이터량이 방대하다는 점에서 중국 AI 산업의 잠재력이 크다는 것이다.

무엇보다 중국 공산당이 안보와 사회안정을 이유로 CCTV 감시체계를 고도화하는 등 AI의 현실 적용에 가장 적극적이라는 점에서 AI 산업에서 중대한 기술적 돌파를 먼저 이룰 가능성을 무시할 수 없다. 세계 각국이 고민하는 AI 산업 앞길의 법적 · 윤리적 책임 문제 등에서 상대적으로 중국은 문턱이 낮기 때문이다.

미국에선 자율주행차가 복잡한 도로에 맞춰야 하지만, 중국 정부는 아예 자율주행차 전용도로를 만들면 되는 것 아니냐고 할 정도로 유연하다.

최근 유럽연합 집행위원회는 AI윤리지침을 발표했다. 사생활 보호와 투명성, 공정성을 가이드라인으로 제시했다. 구글과 MS도 개인정보 보호를 AI 운용원칙으로 정했다. 구글은 좀 더 구체적으로 인명피해를 야기하는 무기 기술이나 감시 목적으로 정보를 수집하는 기술은 AI를 적용하지 않는 분야로 규정했다.

미국과 중국의 AI 기술 격차는 얼마나 될까.

리카이푸는 AI가 4개 분야로 단계에 따라 발전한다고 봤다. 인터넷 AI(인터넷 활동 기록을 추적) · 비즈니스 AI(데이터 탐구) · 시각과 음성인식 AI · 자동화 AI다. 현재 AI는 인터넷 AI, 비즈니스 AI를 거쳐 시각 · 음성인식 AI 단계에 와 있다. 가까운 미래에 자동화 AI도 실용화될 것으로 보고 있다.

현재 중국은 미국을 얼마나 추격 중일까. 리카이푸의 평가다.

- 인터넷 AI : 경합
- 비즈니스 AI : 엄청나게 열세
- 시각 · 음성인식 AI : 약간 우세
- 자동화 AI : 절대 열세

5년 후에는 어떨까.

- 인터넷 AI : 약간 우세
- 비즈니스 AI : 약간 열세
- 시각 · 음성인식 AI : 상당한 우세
- 자동화 AI : 경합

물론 이같은 시각이 중국결정론에 함몰된 너무 낙관적인 결론이라는 지적도 있다. 제프리 딩(Jeffrey Ding) 옥스포드대 AI 분석가가 대표적이다. 그는 양국의 실력 차를 하드웨어 · 데이터 · 연구 · 상업 생태계로 나눠 평가했다.

FT의 인터뷰를 보자. 제프리 딩은 "AI칩(반도체)에선 미국에 상당히 뒤지고, 잠재적 사용자는 중국이 우세하다. AI 전문가는 미국의 절반이며, AI 관련 기업도 미국의 50% 정도라는 점에서 중국의 잠재력은 미국의 반에 지나지 않는다"고 말했다.

리카이푸는 "산업혁명 이래 중국이 사상 처음으로 거대한 경제 패러다임 전환기에서 선두권에 서 있다"고 주장했다.

AI가 현실 세계에 미치는 영향은 산업혁명 때보다 훨씬 클 수밖에 없다. 동시다발적으로 전지구 차원에서 온라인 · 오프라인 가리지 않고 우리의 현실에 파고들 것이다. 정상급 연구자 수는 미국에 뒤지지만, AI 알고리즘을 강하게 만들고 고도화시켜주는 빅데이터에서 중국만큼 강점이 있는 나라도 없다. 게다가 정부가 전 국가적 역량을 동원해 역점 사업으로 밀고 있다. 앞의 그래프에서 볼 수 있듯이 2017년 PwC 글로벌 AI연구보고서는 2030년 AI 기술이 가져올 열매(GDP 증가분)의 26.1%를 중국이 가져갈 것으로 전망했다. 북미는 14.5%였다.

AI 속국이 될지도 모른다는 경고가 나오고 AI 신사유람단이라도 꾸려 중국에 보내야 한다는 얘기도 숱하게 나왔다. 하지만 뚜렷한 돌파구

2030 AI 이윤 창출(예상)

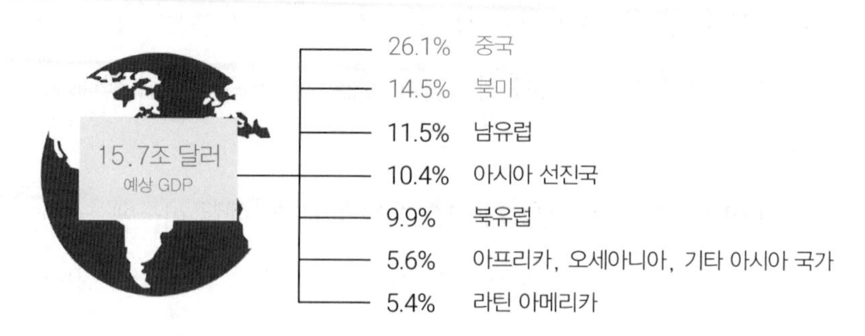

Source: PwC Global Artificial Intelligence Study, 2017

가 나왔다는 소식은 못 들었다. 이렇게 몇 년 지나고 나면 중국 쪽으로 기울어진 운동장에서 중국의 AI 산업과 경쟁해야 하는 난감한 현실에 부닥칠지도 모르겠다.

미국이 화웨이를 방치할 수 없는 이유

화웨이에 건 '목줄'을 풀어줄 생각이 없다. 트럼프의 확고한 뜻이다.

미국은 안보 위협을 이유로 화웨이에 부과한 거래제한 조치를 지속키로 했다고 뉴욕타임스가 2019년 11월 15일 보도했다. 거래제한의 시한을 90일 연장했을 뿐 바뀐 건 없다. 집요한 견제다. 쉽게 풀리지 않을 목줄이다. 그만큼 화웨이의 역량을 주시하고 있다는 얘기다.

그렇다면, 화웨이는 어떤 대응을 하고 있을까.

13~17일 열린 선전 하이테크 페어(China Hi-Teck Fair)의 최대 관심사는 화웨이였다. 어떤 테마로, 어떤 기술을, 어떤 수위로 공개했을지 궁금했다. 미국을 자극하지 않으면서도 화웨이의 지향점을 드러내야 하기 때문이다. 화웨이 전시장으로 한걸음에 달려간 이유다.

©차이나랩

화웨이의 안면식별 AI칩이 적용된 CCTV. 현재 상용화된 200명 수준을 넘어 300명 이상까지 식별이 가능하다는 게 화웨이의 설명이다.

지난해 ICT 기술 기반의 스마트시티를 주제로 내건 화웨이는 올해 스마트시티의 모습을 좀 더 구체화했다. 화웨이가 속속 내놓고 있는 스마트시티 솔루션은 우리의 삶을 둘러싸고 있는 모든 도시 시스템을 연결시킨다. 이를 위해 AI+5G라는 강력한 엔진을 얹었다. 화웨이의 스마트시티는 초고속 · 초연결 · 초저지연 5G통신 인프라와 인지 · 자율 AI가 결합된 도시다.

AI가 시각 · 청각 센서로 사물을 인지하고 자율주행을 실현하는 세상이다. 화웨이가 구상하는 세상은 5G 없이는 불가능하다. 수많은 데이터를 지연 없이 처리하려면 5G는 필수다.

화웨이는 본격적인 자율주행 시대에 앞서 아파트 단지 또는 석탄 채굴장 등 접근이 제한된 산업공간에서 운용하는 자율주행 로봇을 선보였다. 다루즈위안(大陸智源)이 개발한 자율주행 로봇에 화웨이의 5G 장비가 장착됐다. 5G로 연결되면서 이 로봇의 성능은 단독으로 아파트

단지를 순찰하며 방범 기능을 수행할 수 있는 수준으로 업그레이드됐다.

5G를 통해 이 로봇은 초고속 데이터를 처리하면서 안면인식 AI를 구동시켜 실시간으로 외부인과 내부인을 식별한다. 모두 사람의 지시나 개입 없이 자율 모드에서 실행된다. 아파트 단지를 저속으로 돌며 택배 상품을 배달하는 자율주행 차량도 5G와 연결되면서 실생활 속으로 성큼 다가왔다. 아래 사진을 보자. 5G 통신과 연결된 자율주행 차량들이 느린 속도로 단지를 돌며 핵심 기능을 수행한다.

화웨이는 CCTV 해상도와 안면식별 역량을 극대화한 클라우드 기반 AI 기술을 선보였다. 인구 밀집 지역에서 한 화면에 200명까지 식별 가능한 기능에 더해 300명 이상이 돼도 안정적으로 식별해낼 수 있다는 기술을 공개했다. 화웨이는 지난 8월 서버용 AI 반도체 어센드 910에 이어 9월에는 세계 최초의 5G 통합 모바일 반도체 기린990 5G를 내놨다.

©차이나랩

미국의 집중 견제를 받고 있는 와중에서도 5G 기술의 표준을 노리는 화웨이의 행보는 거침 없다. 5G가 상용화되면 엄청난 규모의 데이터가 쏟아진다. 전시장의 화웨이 직원들은 "AI가 방대한 데이터 분석량을 바탕으로 머신러닝을 통해 패턴을 찾아내고 최적의 결정을 하게 된다"며 "앞으로 스마트시티는 더욱 정교하게 관리될 것"이라고 말했다.

화웨이는 이렇게 통신장비 업체라는 영역을 벗어나 인간 삶 속으로 더 파고들고 있다. 화웨이의 영토 확장이 어느 쪽을 지향하는지 방향성은 나왔다.

우리 삶의 전 영역이다.

이를 위해 보고 듣고 판단하는 지각AI와 자율AI를 끝까지 밀어붙이겠다는 얘기다.

지각AI+자율AI+5G 결합의 최종 목적지는 군용 무기체계다. 대만의 AIA캐피털 수석 이코노미스트 우자룽(吳嘉隆)은 "화웨이의 5G를 기반으로 중국 인민해방군이 통합 무기체계를 구축하고 있다"며 "미국이 이를 주시하고 있다"고 주장했다. 지난 9월 대만 타이베이 현지 인터뷰 자리에서였다. 중국은 실제로 스텔스 전투기, 항공모함, 탄도미사일, 인공위성, 요격미사일 등을 5G 기반으로 연결하고 있다. 트럼프 대통령의 백악관 수석 전략가를 지낸 스티브 배넌(Steve Bannon)도 "화웨이를 몰아내는 게 무역협상보다 10배는 중요하다"고 말했다. 5G가 안보에 직결되는 문제라는 시각이다.

화웨이 문제가 미국과 중국의 협상 줄다리기를 통해 해소될 사안이 아니라는 얘기다.

5G와 연결되면 초연결 · 초저지연이 실현되기 때문에 화웨이의 최종 지향점은 자율비행 드론 편대라는 주장도 심심치 않게 나오고 있다. 이런 문제의식을 바탕으로 미래 전쟁의 양상을 그린 소설도 미국에서 큰 인기를 끌었다. 미국의 외교 · 안보 전문가인 피터 W. 싱어(Peter W. Singer)가 2015년 출간한 소설 《유령함대》는 미국과 중국의 3차 세계대전을 그리고 있다. 개전 초 중국 인민해방군의 드론 편대의 벌떼 공격으로 미 공군이 무력화되고, 5G망을 통한 사이버 공격으로 미국의 군사통신망이 파괴된다.

트럼프 대통령 입장에선 이 소설이 현실화된다면? 그 가능성을 언급하는 것만으로 끔찍할 것이다.

배넌이 화웨이를 표적에 올린 이유일 것이다. 트럼프가 전력을 다해 화웨이 견제에 이어 중국의 AI 기업에 십자포화를 집중시키고 있다. 2019년 10월 새롭게 제재 리스트에 오른 기업은 중국 1~2위 감시카메라 제조업체인 하이크비전과 다화테크놀러지가 포함돼 있다. 중국의 3대 안면인식 기술업체인 매그비테크놀러지와 음성인식 AI 기업 아이플라이텍도 포위망에 들었다. 화웨이의 5G와 AI 기업들이 기술의 정점에 도달하기 전에 차단하겠다는 의지가 읽힌다. 봉쇄하려는 자와 포위망을 뚫으려는 자의 쫓고 쫓기는 추격전은 이제 출발점에 섰을 뿐이다.

'늑대들의 외교', 그 허와 실

"대가를 치르게 될 것."

2020년 7월 30일 류샤오밍(劉曉明) 주영 중국 대사 말이다. 류 대사는 트위터 화상 기자회견에서 "중국을 파트너나 친구가 아닌 적으로 다루면 영국은 대가를 치르게 될 것"이라고 했다. 협박이 아니라 "결과를 알려주는 것"이라고도 했다. 5G 통신망 구축사업에 영국이 화웨이를 배제해 한 말이다. 주영 대사가 엄포를 놓을 만큼 영국의 반(反)화웨이 전선 합류는 그만큼 중국엔 충격이다.

"됐어. 돈 안 갚아!"

같은 해 5월 존 마구풀리 탄자니아 대통령의 폭탄선언이다. 중국서 빌린 100억 달러를 안 갚겠다는 거다. 전임 대통령이 맺은 계약이 말도 안되는 조건이라서다. 빌린 돈으로 탄자니아에 항구를 짓는데, 사용권은 중국이 99년간 갖는다. 중국의 항구 내 활동에 아무 조건도 달지 않는다. 마구풀리 대통령은 "술 취하지 않고서야 할 수 없는 계약"이라고 했다.

두 나라 모두 중국과 척지면 손해가 크다. 영국은 기존에 설치된 화웨이 장비를 뜯어내고 다른 설비로 교체한다. 이에 5G 서비스 출시가 2~3년 늦어진다. 총 25억 파운드(약 3조7757억 원)의 생돈이 더 들게 생겼다. 탄자니아도 계약 파기로 생길 외교적 문제가 만만치 않다. 그런데도 두 나라는 중국에 등을 돌렸다.

이들만 그런게 아니다. 유럽에선 프랑스도, 중국에 우호적이던 이탈리아도 화웨이 배제에 나선다. 다른 아프리카 국가도 중국과 건설 프로젝트 취소에 나서고 있다. 시진핑 주석이 2020년 6월 중국 · 아프리카 특별정상회의에서 채무 상환 기한을 늘려주기로 했지만 불만은 여전하다. 시 주석의 일대일로(一帶一路:육상 · 해상 실크로드) 외교 야망에 균열이 가고 있다는 평가가 나오는 이유다.

중국은 왜 이런 취급을 받을까.

지금까지 중국이 국제사회 영향력을 넓힌 비결. 2가지다. ▶싼값의 기술 · 노동력 ▶막대한 머니파워. 영국이 화웨이에 우호적이었던 이유가 전자다. 아프리카가 중국과 긴밀한 이유는 후자다. 하지만 그것뿐이다.

영국 안보 싱크탱크 왕립합동군사연구소(RUSI)의 엘리자베스 브로(Elizabeth Braw) 선임연구원의 분석을 보자. 그는 포린폴리시(FP)에 쓴 글에서 "중국은 미국이 수십 년에 걸쳐 여러 국가에 만든 소프트 파워가 전무하다"고 비판한다. "솔직히 중국은 미국만큼 매력적이지 않다. 전 세계에서 누가 자발적으로 중국 노래, 중국 TV프로그램, 중국 패션을 보고 따라 하느냐"는 거다.

중국 영향력의 '밑천'은 2020년 드러났다. 코로나19로 많은 나라 경제가 고꾸라졌다. 여기에 미국의 반중 전선 동참 압박은 갈수록 커진다. 중국이 내세운 이점만으론 중국과 함께 할 이유가 부족해졌다. 오히려 중국에 가지던 불만이 수면 위로 드러났다. 영국과 탄자니아의 반중 행동은 이런 배경에서 나왔다.

"돈으로 영향력은 샀어도, 마음은 못 얻은 것."

브로 연구원의 일갈이다. 그는 "중국의 국제 위상 추락은 그동안 중국이 글로벌 상업 네트워크만 구축하고 우정을 쌓지 않은 탓"이라고 분석한다.

그는 중국이 옛 동독에서 배워야 한다고 주장한다. 동독은 중국과 같은 사회주의 국가다. 하지만 중국처럼 돈이 많지 않았다. 결국 경제적으로 몰락해 서독에 흡수됐다. 하지만 "동독의 유산은 지금도 많은 나라에 이어지고 있다"고 분석한다.

동독 외교의 핵심은 '교육'이다. 1951년부터 89년까지 125개국, 7만 8400명의 외국인 학생이 동독에서 대학 학위를 받았다. 다수는 동독과 같은 사회주의 국가였지만, 그렇지 않은 개발도상국 출신도 많았다.

유엔 인권최고대표인 미첼 바첼레트 전 칠레 대통령이 대표적이다. 의대생이던 1970년대 피노체트 독재정권을 피해 동독에 망명했다. 동독 정부 지원으로 의학 공부를 마치고 결혼도 했다. 현재 모잠비크, 앙골라, 남아공 집권 세력 상당수도 과거 동독에서 교육 기회를 제공받았다. 바첼레트 등 많은 이들이 동독에서의 생활을 "매우 행복했다"고 기억하는 이유다.

교육을 통해 '친동독파'를 만들었다는 얘기다. 브로 연구원은 "동독의 교육 지원은, 이념은 달랐지만 미국의 해외 외교관 장학제도와 유사하다"고 평가했다.

반면 중국은 다르다. 친중파 육성엔 소홀하다. 대신 브로 연구원은 "외국의 화교가 본국(중국)과 밀접해지도록 '압력'을 가하려 했다"고 봤다. 국영미디어는 중국 관련 뉴스를 해외에 송출하는 데 집중한다. 외교관은 상대국에 엄포를 놓는 '늑대 전사(戰狼, Wolf Warrior)' 외교만 한다. 2015년 중국에서 히트한 영화 '전랑(戰狼)'에 나오는 전사처럼 툭하면 싸운다는 뜻이 내포돼 있다.

물론 브로 연구원의 말이 모두 옳지는 않다. 하지만 존재하지 않는 과거 사회주의 국가인 동독보다 못하다는 평가를 받는 중국의 외교 전략. 분명 수정은 필요해 보인다. 중국이 진정 미국을 대체할 G1의 꿈을 갖고 있다면 말이다.

중국은 어떻게 유엔을 장악했나

"WHO는 매우 중국 중심적(Very China-centric)이다."

2020년 4월 도널드 트럼프 미국 대통령이 트위터로 한 말이다. 세계보건기구(WHO)에 자금 지원 중단을 시사했다. 일주일 뒤엔 진짜 실행에 옮겼다. 그의 결정은 코로나19 방역 최전선에 있는 국제기구의 손발을 묶는, 적절하지 않은 행동이란 비판을 받기도 했다.

이와 별개로 트럼프의 'WHO의 중국 편중' 발언은 반향을 일으켰다. WHO가 코로나 사태 발생 후 중국을 감싸는 행보를 보였다는 점에 국제사회가 어느 정도 공감했기 때문이다.

미국 외교 전문지 폴리티코는 "중국의 친(親) 유엔 행보를 지켜봤다

유엔 15개 전문기구 수장 중 4명이 중국인.
WIPO 사무총장은 9월에 교체.

면 WHO의 중국 존중이 놀랍지 않다"며 "WHO는 빙산의 일각"이라고 보도했다.

실제로 중국의 국제기구 외교 굴기(崛起)는 무섭다.

유엔 산하 15개 전문기구 중 약 30%인 4곳이 중국인을 조직 수장으로 두고 있다. 유엔식량농업기구(FAO), 유엔산업개발기구(UNIDO), 국제민간항공기구(ICAO), 국제전기통신연합(ITU)이 그렇다. 나머지 11곳은 수장의 국적이 모두 다르다. 한국인은 임기택 전 부산항만공사 사장이 국제해사기구(IMO) 사무총장으로 활동 중이다.

면면을 살펴보자. FAO 사무총장은 취둥위(屈冬玉) 전 중국 농업농촌부 부부장(우리의 차관에 해당)이다. 리융(李勇) 전 중국 재정부 부부장

©류팡 트위터

류팡(柳芳) 국제민간항공기구(ICAO) 사무총장.

은 2013년 UNIDO 사무총장 자리에 올라 있다. ITU 사무총장엔 자오허우린(趙厚麟) 전 ITU 사무차장이 2014년부터 일하고 있다. 류팡(柳芳) 전 중국민간항공총국(CAAC) 이사는 2015년 ICAO의 첫 여성 사무총장이 됐다.

이뿐이 아니다. 리우전민(劉振民) 전 중국 외교부 부부장은 2017년 유엔 사무차장에 임명됐다.

중국은 유엔 국제기구 수장에 자국 인사를 앉히는 계획을 차곡차곡 실행해 왔다. 리처드 고완(Gowan) 국제위기감시기구(ICG) 연구원은 AFP통신에 "중국 정부는 최근 몇 해 동안 유엔 기구 수장 자리를 차지하려고 아프리카와 중남미 국가에 대규모 자본을 투자하는 등 많은 노력을 기울여 왔다"고 말했다. 폴리티코는 "중국의 행보는 시진핑 국가주석이 추진하는 일대일로 정책을 강화하기 위한 것"이라고 분석한다.

2019년 6월 이탈리아 로마에서 열린 FAO 사무총장 선거는 중국의 영향력을 보여주는 대표적인 사례다. 후보로 나선 취동위 전 중국 농업농촌부 부부장은 191개국 중 아프리카와 중남미 국가의 압도적 지지 속에 108표를 받아 당선됐다.

중요한 건 취 부부장이 미국의 집요한 공세에도 불구하고 당선됐다는 점이다. 포린폴리시에 따르면 2019년 1월 케빈 몰리(Kevin Moley) 미 국무부 국제기구 담당 차관보는 중국이 FAO 사무총장 선거에 나선다는 첩보를 입수한 뒤 직원들에게 "(FAO 선거에서) 중국을 이기는 데 어떤 방법이라도 쓰라"고 지시하며 총력전을 선언했다.

그럼에도 불구하고 미국이 지지한 다비트 키르발리드체 전 조지아 농업부 장관은 12표에 그쳤다. 1만 1500명의 직원에 예산만 연 26억 달러(약 3조 69억 원)를 쓰는 거대 기구 FAO의 수장 자리는 중국인 차지가 됐다. 1945년 FAO 창설 이래 최초다.

2020년 3월 열린 세계지적재산권기구(WIPO) 사무총장 선거에서 미국의 지지를 받은 다렌 탕 싱가포르 특허청장이 중국의 왕빈잉 WIPO 사무차장을 꺾지 않았다면 중국인 국제기구 수장은 5명으로 늘었을 것이다.

서방에선 중국인 수장을 곱지 않게 바라본다.

미 싱크탱크 신미국안보센터(CNAS)의 크리스틴 리 연구원은 "중국인 국제기구 수장은 자신의 권한을 남용해 중국 정부에 내부 정보를 보고할 거란 우려가 있다"며 "이들은 유엔 내에서 다자주의를 발전시키고 투명성과 책임을 강화하는 데 힘쓰기보다 중국 공산당의 관심사에 더 집중하는 경향이 있다"고 비판했다.

단초가 엿보인다. 유엔 국제기구 내에서 중국 기업의 활동이 활발하다. 폴리티코에 따르면 중국 IT 기업 텐센트는 9월에 예정된 유엔 창립 75주년 기념행사를 주관하기로 했다. 코로나19 여파로 이번 기념행사는 화상회의로 열린다. 여기에 쓸 회의 프로그램과 온라인 네트워크 연결 업무를 텐센트가 맡게 됐다.

텐센트는 2018년엔 유엔개발계획(UNDP)과 업무협약을 맺고 개발도상국에 인터넷 등 디지털 플랫폼을 구축해주는 사업을 하고 있다. 텐센트뿐만이 아니다. 폴리티코는 "자오허우린 ITU 사무총장은 자신의 직위를 화웨이의 5G 장비를 세계 통신 시장에서 확대하는 데 활용하곤 한다"고 평가했다. 그럼에도 중국의 외교 굴기를 막기는 쉽지 않다.

중국의 영향력을 키워준 것이 미국이라서다.

트럼프 대통령의 '아메리카 퍼스트(미국 우선주의)' 정책이 그렇게 만들었다. 트럼프 대통령은 그동안 유엔 등 국제기구에 분담금을 너무 많이 내고 있다며 예산 축소를 지시했다. 시리아와 아프가니스탄 등에서 미군을 철수하고, 아시아에선 방위비 분담금 인상을 요구하는 등 특유의 '계산서 외교'를 굽히지 않았다.

이런 와중에 중국은 미국에 실망한 각국에 손을 내밀었다. FP는 "미국 정부는 동맹국과 지속적으로 충돌해왔다"며 "그 사이 중국은 미국의 빈자리를 메우며 개발도상국을 집중 공략해 외교적 야망을 실현해왔다"고 분석했다. 블룸버그통신도 "트럼프의 미국 우선주의 정책 덕분에 중국이 '유엔 내 영향력 확대'라는 반사이익을 누린다"고 평가했다.

국제평화연구소의 제이크 셔먼 이사는 블룸버그에 "중국은 권력 지위가 커짐에 따라 다자 시스템의 가치를 알았다"며 "향후 중국은 높아진 위상을 바탕으로 유엔을 '중국식 국가주도 자본주의' 논리를 펼치는 장으로 활용할 것"이라고 말했다.

이런 관점에서 트럼프 대통령의 WHO 자금 지원 중단은 오히려 중국의 유엔 내 영향력을 키우는 결과를 낳을 수 있다는 지적이 나온다. 폴리티코는 "트럼프 대통령의 (자금 지원 중단) 결정은 말 그대로 중국 손아귀에서 놀아나는 것"이라며 "미국이 WHO를 비롯한 유엔 국제기구와의 활동을 줄일수록 중국의 영향력은 더욱 커질 것"이라고 평가했다.

중국 희토류와 미국 헬륨, 자원전쟁 터지나

"중동에 석유가 있다면 중국에는 희토류가 있다"

2019년 5월, 시진핑 중국 국가주석이 희토류 공장을 방문한 다음 날, 중국 인민일보의 해외판 SNS 계정 '샤커다오(俠客島)'에 이런 글이 올라왔다. 원래 덩샤오핑이 1992년 장시성 시찰 당시 했던 말이다. 트럼프 미국 대통령을 향한 '자원전쟁'의 선전포고였다. (세계 희토류 생산량의 90%는 중국에서 생산되는데, 장시성은 중국의 대표적인 희토류 생산 지역이다)

희토류는 화학 원소 번호 57~71번에 속하는 15개 원소와 스칸듐·이트륨 등 17개 원소를 일컫는다. 이 원소들은 다른 금속보다 안정적이고 열전도율이 뛰어난 데다 전기·자성·발광 특성까지 갖추고 있어

©중앙포토

중국 희토류 정제 공장

제조업 핵심 분야에 두루 쓰이고 있다. 반도체뿐만 아니라 LCD, LED, 태양전지와 전기차 배터리 등 안 쓰이는 곳을 찾기 힘들 정도다.

사실 '희소하다'는 뜻의 이름과 달리 전 세계적으로 매장량은 적지 않은 편이다. 광물 형태로 존재하는 양이 적어 채굴하기 어렵고, 정제 과정에서 쓰인 염산과 초산을 중화시키기 위해 막대한 화학물질을 투입하는 등 환경오염도 발생하기 때문에 생산에 나서는 나라가 많지 않다. 중국이 희토류 최대 생산국이 된 것도 이와 무관하지 않다.

중국산 희토류의 80%를 소비하는 큰손은 바로 미국이다. 미국과 중국의 무역전쟁이 계속되며 중국은 협상의 히든카드로 희토류를 계속 만지작거리고 있다.

중국이 희토류를 협상의 무기로 꺼내든 것은 이번이 처음은 아니다. 중국은 2010년 센카쿠(尖閣 · 중국명 댜오위다오) 열도 영유권 대립 때 일본에 대한 보복 조치로 희토류 수출을 제한했다. 이는 반도체, 전자제품 분야에서 승승장구하던 일본의 발목을 잡았고, 결국 일본은 구금

시켰던 중국 선원을 석방시키는 등 중국에 백기를 들 수밖에 없었다.

하지만 중국의 '희토류 카드'가 기대만큼 성공적일지는 장담할 수 없다. 2010년 일본의 뼈아픈 실책을 미국이 그냥 보고 넘기지 않았기 때문이다.

미국의 중요 광물 생산을 대폭 확대하는 법안이 미 국회에 제출됐고, 미 상원 에너지 · 천연자원위원회 청문회에선 희토류 채굴에 관한 연구 보고서와 보조금 지원책, 산업 협동조합 설립, 우주 채굴 등 다양한 의견이 나왔다. 세계 2위 희토류 생산국인 호주와 손잡고 미국 텍사스주에 희토류 분리 · 추출 공장도 건설하고 있다.

사실 1970년대까지 전 세계 희토류 생산 1위 국가는 미국이었다. 비록 중국이 낮은 인건비를 바탕으로 저렴한 희토류를 공급하면서 미국의 희토류 생산 시설이 줄어든 것은 사실이지만, 중국의 희토류 수출 거부 카드에 미국이 제시할 '플랜 B'는 분명히 존재하는 셈이다.

중국이 희토류를 무기화하면 미국이 헬륨으로 보복에 나설 수 있다는 전망도 나온다. 중국이 강조하는 '우주굴기'와 '반도체 자립'에서 헬륨은 빼놓을 수 없는 소재인데, 미국은 전 세계 헬륨 매장량의 3분의 1 이상을 보유한 세계 최대 생산국이다. 미국은 헬륨을 전략 물자로 취급하고 있으며, 고갈을 막기 위해 생산량과 수출량을 모두 줄이는 추세다.

다만 자원전쟁은 양쪽 모두에게 심각한 타격을 주기에 양국 모두 선불리 공격에 나서지는 않을 것이라는 전망도 있다.

중국이 2020년 7월부터 닝샤 옌츠현에서 최초의 상업적 헬륨 생산 설비를 가동하며 미국의 공세에 대비하고 있지만, 중국 내 헬륨 수요를 모두 충족시키기는 어려운 상황이다. 홍콩 사우스차이나모닝포스트(SCMP)에 따르면 중국은 한 해 4300톤의 헬륨을 소비하지만 닝샤에 신설된 공장에서는 연간 20톤 규모의 액체헬륨을 생산하는 데 그친다.

이 때문에 미국과 중국 모두 자원에서만큼은 상호 의존적인 관계를 벗어나지 못할 것이라는 전문가들의 분석이 나온다.

3

우리는 과연 중국을 알고 있을까

중국 심층 분석

마윈 vs 나훈아,
새는 새장을 벗어나지 못한다!

청천 하늘에 날벼락이었다. 세계 증권업계가 깜짝 놀랐다. '사상 최대 규모의 IPO(기업공개)'라고 흥분했던 앤트그룹(螞蟻集團)의 홍콩·상하이 증시 상장이 첫 거래를 불과 며칠 앞두고 무산됐으니 말이다. 홍콩에서 약 155만 명, 상하이에서 약 515만 명이 청약에 참여했고, 그 증거금만도 무려 210조 원에 달했던 세기적인 상장 파티였다. 중국 '고위 인사'의 말 한마디가 그 파티를 망가뜨렸다.

"아무리 사회주의의 나라 중국이라지만, 어떻게 그게 가능한가…."

2020년 11월 세계 언론은 중국 발 '마윈 뉴스'에 경악해야 했다.

도대체 무슨 일이 있었던 것일까? 앤트그룹 IPO 연기를 촉발했던 10월 24일 상하이 '와이탄 서밋' 현장으로 가보자. 앤트그룹의 실질적 지

배자 마윈이 '운명의 스피치'를 했던 바로 그 행사다.

달랐다. 평소 그의 얼굴이 아니었다. 굳어 있었다. 뭔가 작심한 듯했다. 비장한 표정의 마윈은 거친 말을 쏟아냈다.

"금융 시스템의 위기라고? 턱도 없다. 중국에는 금융 시스템이 아예 존재하지도 않는다. 그런데 무슨 '시스템 위기'를 말하는가?

대형 은행들은 '담보 사상'에 잡혀 있다. 담보 없이는 움직이지 않는다. 데이터가 아닌 사람 관계에 따라 대출을 해준다. 돈이 필요 없는 기업에게도 돈을 빌려준다. 결국 그 기업을 망가뜨린다.

혁신을 하려 해도 규제가 발목을 잡는다. '이것 하지 마라, 저것 하지 마라'는 문건만 양산된다. 탁상공론이 판친다. 어제의 기준으로 미래를 관리한다. 기차 방식으로 비행기를 관리하려 든다. 이래서야 어찌 미래를 준비한다고 하겠는가?"

마윈은 규제 당국을 공격했다. 대형 은행의 문제점을 지적했다. 혁신을 가로막는 중국 관료주의를 비난하고 나섰다. '중국엔 금융 시스템이 아예 존재하지도 않는다'라는 말에 청중들도 놀란 듯, 힘겹게 나온 박수 소리는 길게 이어지지 못했다. 그만큼 긴장된 분위기 속에서 연설은 진행됐다.

이날 포럼의 헤드테이블에는 두 명의 VIP가 앉아 있었다. 천위안(陳元) '와이탄 서밋' 조직위 주석, 그리고 저우샤오촨(周小川) 전 중국인민은행 행장이었다.

저우샤오촨이 누구인지는 다들 잘 안다. 2002년부터 무려 16년 동안이나 중국인민은행 행장으로 일했던 인물이다. '미스터 위안(元)', 중국 금융 현대화를 이끈 주역이다. 일선에서 물러난 그는 중국금융학회 회장 자격으로 이날 서밋에 참석했다.

또 다른 VIP 천위안 역시 금융계 원로다. 상하이 출신 혁명 원로인 천윈(陳雲, 1905~1995)의 아들이다. 아버지가 그랬듯 그 역시 기술 관료였다. 금융 전문가로 컸다. 1988년부터 10년 동안 중국인민은행 부행장으로, 그다음 10년(1998-2018)은 국가개발은행을 이끌었다. 한국의 산업은행이라고 보면 된다. 그래서 천위안은 '중국 개발은행 역사의 산 증인'이다.

두 사람 모두 개혁개방 시기 중국 금융을 이끌어온 거물이다. '내가 만든 금융 시스템이 중국 경제를 글로벌 넘버 투로 끌어올렸다'는 자부심으로 살고 있다. 그런 금융계 원로를 두고 '중국은 금융 시스템 자체가 존재하지 않아'라고 역설한 것이다. 공개 면박과 다르지 않다.

왜 그랬을까?

가수 나훈아를 떠올리게 된다. 그는 지난 추석 때 KBS에서 공연을 하면서도 KBS를 비난했다. "KBS는 바뀌어야 한다, 바뀔 것이다"라고 일갈했다.

나훈아는 공연을 준비하면서 KBS의 문제점을 실감했을 터다. 무엇인가 잘못되어 가고 있다는 생각, KBS가 바뀌어야 한다는 생각, 그래서 나훈아는 무대를 마련해준 KBS에 쓴소리를 했을 것이다.

마윈도 그랬다. 앤트그룹 상장 과정에서 다시 확인한 관료주의, 너무 구태의연한 탁상 행정, 미래를 대비하지 못하는 정부, 이래서는 안 되겠다 싶어 그는 작심하고 강단에 올랐다. 앤트그룹 상장이 좀 걸리기는 하지만, 그래도 미래를 위해서 누군가는 꼭 해야 할 말이었기에 나섰을 것이다.

실수였다.

마윈은 나훈아와는 달랐다. 나훈아는 KBS 공격으로 '역시 가황이야! 테스형 최고!'라는 찬사를 받았지만, 마윈은 심혈을 기울인 앤트그룹 IPO를 당분간 포기해야 했다. '사상 최대'라며 흥분하던 중국 언론은 언제 그런 일이 있었느냐는 듯 돌아섰다.

마윈은 자신의 발언이 설마 IPO연기까지 이어질 것이라고는 생각하지 못한 듯하다. 아무리 당이 강하다고 해도, 설마 세계가 주시하는 IPO를 어찌하랴, 그렇게 생각했을 것이다. 그러니 실수다.

도대체 뭐가 잘못된 것일까?

여기 새장(cage)이 있다고 생각해보자. 새장 속 새는 그 안에서만 날 수 있다. 그런데 이 새장이 엄청나게 크다면? 새는 마음껏 날 수 있다. 새장이 없다고도 느낄 것이다. 그러나 그 새는 역시 새장 속 새일 뿐이다. 무한정 날 수 없다.

중국에서 국가(당)와 기업과의 관계가 그렇다. 국가는 거대한 새장을 쳐놓고, 기업을 그 새장 속에 가둔다. "새장 충분히 넓으니 마음껏 날 수 있을 거야, 마음껏 날아봐…."

그런데 아주 잘 나는 새가 한 마리 있다. 날개를 펴면 대양의 물결을 일 수 있을 만큼 크다. 그 새는 국가가 쳐놓은 새장이 점점 좁다고 느낀다. 불편하다. 새장 밖으로 나가고 싶다.

이 거대한 새는 자신이 새장 속 새라는 것을 잠시 잊는다. 새장을 뚫고 나가려 한다. 어떻게 될까? 국가의 응징이 있을 뿐이다. 중국의 '당-국가'는 KBS와는 차원이 다른 존재이기 때문이다.

'조롱경제(鳥籠經濟)'라는 게 이를 표현한 말이다. 이 말을 만든 사람이 바로 이날 VIP로 헤드테이블에 앉았던 천위안의 아버지이자 혁명 원로인 천윈이다. 개방을 하더라도 새장 속 새 다루듯 경제를 국가가 관리해야 한다는 게 천윈의 주장이었다.

지금도 다르지 않다. 그 논리 그대로다. 다만 지난 30여년의 개혁개방을 거치면서 새장이 더 커졌을 뿐이다. 아들 천위안은 여전히 당의 수호자로서 아버지 천윈의 뜻을 따라 그 시스템을 관리하고 있다.

마윈은 그걸 잘못 읽은 것이다. 새장을 거부하고, 뚫고 나가고 싶다고 했으니 응징을 받을 수밖에 없다. 역린을 건드린 꼴이다. 그래서 알리바바 CEO 자리에서 내려와야 했고, 앤트그룹 IPO도 내려놔야 했다.

그게 바로 오늘 중국의 국가와 기업의 관계이자, 정치-경제 시스템이요, 사회가 돌아가는 로직이다.

이베이는 왜
보따리를 싸야 했나?

중국에 진출한 외국 기업이 현지 기업에 밀려 철수한 사례는 한둘이 아니다. 물론 우리나라 기업들도 예외는 아니다. 중국기업에 밀려 보따리를 싼다. 그렇다면 물어야 한다. 중국 기업, 그들은 우리와 무엇이 다른지를 말이다. 경쟁 상대의 속성을 알아야 전술을 짤 것 아닌가.

알리바바와 이베이의 경우를 보자. 전자상거래의 글로벌 기준을 제시했던 이베이가 왜 중국에서는 알리바바에 밀려 시장에서 퇴출됐는지를 말이다.

우선, 시장을 보는 시각이 다르다. 중국 현지 기업과 외국 기업은 시장 전략에 대한 기본적인 시각에 차이가 있다.

김흥수 김앤장 고문은 중국에서 오랫동안 근무하면서 시장을 연구해온 현장 전문가다. 삼성 출신으로 2003년 CJ와 상하이미디어그룹(SMG)이 설립한 홈쇼핑채널인 동방CJ의 CEO로 일해왔다. 그의 얘기다.

“서방 기업들은 영업이익(수익률)을 강조하는 반면 중국 기업들은 시장점유율(시장 영향력)을 중시합니다. 먼저 점유율을 높이고, 그다음에 수익률을 보지요. 반면 서방 기업들은 영업이익이 나지 않는다면 시장 점유율은 의미가 없다고 간주합니다. 장기적으로 보면 누가 이기겠습니까? 시장을 가진 쪽이 이기는 겁니다.”

그 과정을 보자.

미국의 C2C 전자상거래 플랫폼인 이베이가 중국에 진출한 건 2003년이다. 중국 전자상거래 시장을 장악할 것으로 모두가 예상했고, 실제로 그리 돌아가는 듯싶었다. 많은 기업들이 이베이 플랫폼에 물건을 내놓고 거래하기 시작했다. 이베이의 수익(입점 수수료)은 늘어나기 시작했다.

당시만 해도 알리바바는 B2B에 치중하는 작은 전자상거래업체였다. 어떻게 이베이의 공략을 막아낼까? 그건 알리바바의 생존이 걸린 문제였다. 마윈이 승부수를 던졌다. 같은 해 ‘타오바오’라는 C2C 플랫폼을 만들고 이베이의 영역에 도전한 것이다.

“여기서 중국 기업 특유의 ‘시장점유율 우선(market share first)’ 전략이 나온 겁니다. 알리바바는 수수료를 받지 않았습니다. 기업이나 개인 사업자는 공짜로 포스팅하니까 좋은 거죠. 어디로 가겠습니까. 당연히 타오바오로 몰린 거지요. 포스팅하는 물건이 많은 플랫폼이 이기는 법입니다. 피나는 경쟁 4년, 이베이는 결국 짐을 싸야 했지요."

그렇게 알리바바 타오바오는 시장점유율을 높였고 '침략자(중국의 표현이다)'를 몰아냈다. 이베이가 떠난 전자상거래 시장은 알리바바 차지였다. 알리바바는 자선사업가가 아니다. 마윈은 '타오바오 상품 검색에서 상위에 노출되려면 돈을 내시오'라는 비즈니스 모델로 돈을 긁어모았다.

항상 그런 식이다. 중국 기업들은 적의 핵심을 찌른다. 물량 공세를 통해, 아니면 자본력을 동원해 경쟁자의 목을 눌러버려 질식시킨다. 그렇게 시장을 확보한 뒤 본색을 드러낸다.

이베이가 쓴맛을 봐야 했던 또 다른 중요한 요인은 문화에 대한 이해 부족이었다.

《로컬 차이나》라는 책의 저자이자 중국 시장 및 마케팅 전문가인 김도인은 문화에 대한 이해에서 답을 찾는다.

"알리바바는 2004년 알리왕왕이라는 이름의 실시간 대화시스템을 개발했다. 이베이가 이취왕(易趣網)에서 Q&A 게시판을 통해 구매자와 판매자를 연결하던 때였다. 알리왕왕은 이취왕과는 달랐다. 구매자와 판매자가 실시간 채팅이나 음성(영상) 통화로 대화할 수 있도록 공간을 제공했다. 중국인들은 온라인상에서의 거래라 하더라도 '확인'하고 싶어 한다는 속성을 놓치지 않았다. 알리왕왕은 중국인이라면 누구나 아쉬워하고 또 필요하다고 여기는 '신뢰의 갭'을 매워준 것이다."

중국인들은 서로를 잘 믿지 못한다. 가짜가 많으니 꼭 확인해보고 싶어 한다. 알리바바는 알리왕왕을 통해 그 문제를 해결한 것이다. 마윈은 한 발 더 나아가 알리페이를 통해 제삼자 지불보증시스템을 구현했다. 법과 제도로 신뢰를 보증하는 서구식 풍토에 익숙한 이베이가 이를 알 리 없다.

광고 카피 한 줄을 만들더라도 중국인의 습성을 파악해야 하고, 협상을 할 때에도 그들의 협상술을 이해해야 한다. 중국에 대한 인문학적 이해가 필요하다는 얘기다. 그걸 모른 채 중국 소비시장에 달려들면 망하기 십상이다.

외국 기업이 알아야 할 또 다른 중국 이해의 키워드는 국가와의 관계다.

주지하다시피 알리바바는 민영 기업이다. 마윈이 세우고 소프트뱅크 등이 투자했다. 뉴욕 증시에 상장됐다. 국가와는 별 관계가 없어 보인다. 과연 그럴까?

알리바바는 IPO(기업공개)를 위해 상하이나 홍콩이 아닌 뉴욕을 선택했다. 이상하지 않은가? 그렇게 좋은 기업을 서방의 투자가들 입에 던져놓으니 말이다. 게다가 국내의 재무 정보가 모두 공개되어야 하는데도 서방 자본주의 경제의 본산인 뉴욕 증시를 선택했다.

김흥수 고문의 얘기를 다시 들어보자.

"처음에는 중국 당국도 뉴욕으로 가는 것에 반대했습니다. 홍콩을 권

©중국신문망

'신(神)'이 된 마윈. 중국 모바일 인터넷혁명의 주역이다.

했죠. 그러나 마윈이 설득했습니다. '차 한 잔 마실 시간만 달라. 미국에 가서 반드시 적들을 꺾고 오겠다'라고 말이지요. 지금 중국의 최대 관심은 '어떻게 하면 미국의 자존심을 꺾느냐'에 있습니다. '아마존을 무찌르고 오겠다'는 말에 허가를 내준 것이지요. 실제로 마윈은 그 어느 미국 IT 기업도 하지 못했던 액수로 IPO에 성공합니다."

민영 기업인 알리바바가 중국 국가자본주의의 첨병으로 변한 것이다. 롄샹이 IBM PC를 인수한 것과 같은 맥락이다.

알리바바는 홍콩 미디어에 관심이 많다. 대표적인 영자지인 사우스차이나모닝포스트를 사들였다. 사업상 홍콩 언론사가 필요했을까?

"물론 그랬을 수도 있지요. 그러나 홍콩 언론계에서는 '중국 당국의 입김이 작용하고 있다'고 봅니다. 마윈이 홍콩 언론을 장악하려는 중국 당국의 의지를 간파하고 먼저 움직였거나, 아니면 당국이 알리바바로 하여금 매입하도록 압력을 가했다는 분석입니다."

홍콩 언론계 사정에 밝은 김진호 단국대 교수의 말이다.

중국에 민영 기업은 많다. 그렇다고 이들이 순전히 국가와 따로 논다고 생각하면 오산이다. 화웨이, 레노버, 샤오미 등은 모두 국가가 쳐놓은 그물 안에서 놀고 있는 작은 새일 뿐이다.

중국 기업은 얼핏 허술해 보인다. 그러나 어느 정도 덩치를 키웠다 싶으면 이내 경쟁자로 부상한다. 그들과 피 튀기는 시장 쟁탈전을 각오해야 한다.

지금도 많은 외국 기업이 중국 기업의 이 같은 행태에 대한 정확한 분석 없이 중국으로 간다. 그 결과가 바로 '보따리 싸기'다. 보따리 행렬은 지금도 이어지고 있다.

애플이 중국에 백기를 든 이유

'사드 보복'의 후유증은 길다. 시장에서 밀려난 기업은 중국의 행태에 울분을 토한다. 중국이라는 나라는 이제 점점 더 많은 사람들 마음에서 '불편한 존재', '위협의 대상'으로 자리 잡아가고 있다. 제3의 시장을 개척해야 한다는 말이 힘을 얻고 있다.

"그래! 이참에 중국 없이 살아보자. 다른 곳에서 시장을 찾으면 되는 것 아닌가."

그런 생각이 굴뚝같다. 세계 최고 IT 기업이라는 애플을 보자. 애플 역시 같은 질문으로 고민하고 있기 때문이다.

파이낸셜타임스(FT)는 '애플이 중국 수수께끼를 풀기 위해 골몰하고 있다(Apple struggles to solve China conundrum)'라는 제하의 기사를 실

ⓒ이매진차이나

중국으로 간 애플.
첨단 기술의 리더라는 애플에게도 중국은 버거운 존재다.

었다(2017. 8. 21). 보도는 이렇게 시작한다.

"중국을 방문한 애플 CEO 팀 쿡이 스타벅스에 들렀다. 아이폰을 꺼내 애플페이로 계산을 하려고 했으나 되지 않았다. 아이폰으로는 중국 지불시스템에 접근할 수 없었기 때문이다. 결국 옆에 있던 동료가 커피값을 대신 치러야 했다."

팀 쿡은 애플페이가 되지 않는 것을 확인하고 당황했을 것이다. '위챗(WeChat)페이는 돼요'라는 중국 직원의 말을 들었다면 멘붕에 빠졌을지도 모른다. 애플이 중국에서 직면하고 있는 문제를 단적으로 보여주는 사례다. FT는 "2년 전까지만 해도 애플에 가장 유망했던 중국 시장이 이제는 가장 큰 골칫거리로 변했다"라고 지적했다.

통계가 말해준다. 팀 쿡이 중국을 방문했을 즈음인 2017년 2분기 애플의 중화권(대륙, 홍콩, 마카오, 대만) 매출은 전년 동기 대비 10% 감소했다. 6분기 연속 하락세다. 팀 쿡은 미국에 이은 두 번째 시장이 흔

ⓒ이매진차이나

베이징 포럼에 참가한 애플 CEO 팀 쿡

들리고 있는 것에 초조했을 터다.

애플의 경쟁력은 콘텐츠와 서비스의 우위를 바탕으로 하드웨어(아이폰)를 판매한다는 데 있다. 그 경쟁력 생태계가 중국에서는 통하지 않는다는 데 애플의 고민이 있다. 이런 식이다.

"베이징 당국이 교통시스템 전산화를 정비하면서 지불시스템도 개편했다. 그런데 안드로이드 핸드폰만 지불시스템에 접근할 수 있도록 했다. 애플의 iOS 운영체계는 배제했다. 아이폰으로는 베이징의 전철, 버스 등에서 결제를 할 수 없게 된 것이다." (FT 보도)

결과가 어떻게 될지는 눈에 뻔하다. 텐센트의 위챗페이, 알리바바의 알리페이 등 안드로이드 지불시스템에 밀릴 수밖에 없다. 애플폰은 한마디로 '먹통'이 된 셈이다. '페이 천국' 중국에서 지불이 안 되는 폰이 잘 팔릴 리 있겠는가.

애플의 콘텐츠와 서비스, 하드웨어는 최고다. 세계 각지에서 검증된 사실이다. 그러나 베이징 버스에서는 안 통한다. 왜? 베이징 시정부가 막고 있으니까. 결국 정부가 문제였던 셈이다. 지금은 베이징시 지방 정부의 일이지만, 중앙정부 차원에서 또 어떤 규제가 내려질지 모른다. 거기에 애플의 고민이 있다.

우리가 지금 중국 시장에 대해 하고 있는 고민과 다르지 않다. 시장은 분명 있는데, 갖가지 이유로 진입이 막혀 있다. 중국 정부는 정책적 장벽을 쌓아놓고는 '소비자들이 알아서 움직인 결과'라고 말한다. 그걸 누가 믿겠는가.

그렇다면 애플은 어떤 선택을 했을까?

타협이었다. 아니 더 정확하게는 중국 정부에 굽히고 들어갔다. 애플이 중국의 인터넷 통제를 우회할 때 사용하는 가상사설망(VPN)앱을 아이폰의 앱스토어에서 제거한 것이 이를 단적으로 보여준다.

중국 정부는 이른바 '만리장성 방화벽(Great Firewall)' 프로그램을 운영하고 있다. 구글의 검색 서비스와 동영상 서비스 유튜브, 페이스북, 인스타그램 등 해외 정보망과의 접속을 차단하는 장치다. 하지만 중국의 애플 제품 사용자들은 VPN앱을 이용해 만리장성 방화벽을 우회하는 방법을 택했다. 이걸 삭제했으니 우회로마저 차단된 것이다. '애플이 결국 중국 정부에 아부하고 있다'는 말이 나온 이유다.

이뿐만 아니다. 애플은 아이폰 및 아이패드의 아이클라우드(iCloud) 데이터센터를 중국 현지(구이저우, 貴州)에 구축하기로 했다. 기존 애플의 정책이라면 당연히 미국에 둬야 했지만, '중국에서 사업을 하려면 중국 내에 서버를 둬야 한다'는 정책에 굴복한 것이다. 애플은 2016

년 뉴욕타임스가 만든 뉴스앱을 (정부의 요청에 따라) 앱스토어에서 삭제했다. 뉴욕타임스가 이 같은 행태를 두고 "애플은 중국 정부의 인터넷 검열 공범자"라고 맹비난한 이유다(뉴욕타임스 2017년 8월 2일 자, How Apple and Amazon Are Aiding Chinese Censors).

애플의 정보 보안은 엄격하기로 유명하다. 총기 난사로 14명을 숨지게 한 테러 용의자의 범죄 정보를 넘겨달라는 FBI의 요구를 거절하기도 했다. '고객의 사생활 보호'가 이유였다. 그런 애플이 중국의 검열 앞에서는 한없이 약한 모습을 보인다. 이유는 분명하다. 정부와 타협을 해서라도 중국 시장을 놓칠 수 없다는 판단에서다. 글로벌 시장에서의 우위를 지키기 위해서는 중국 시장을 결코 포기할 수 없다는 판단, 그게 바로 애플을 주저앉힌 이유다.

자, 다시 한 번 앞의 질문으로 돌아가자. 중국이라는 시장은 대체 우리에게 어떤 의미를 갖는가?

중국, 밉다. 사드 보복에 분개할 수 있다. 그러나 현실은 냉정하게 봐야 한다. 중국은 GDP 약 12조 달러 규모의 시장이다. 우리보다 약 10조 달러 정도 크다. 어쨌든 매년 6~7%의 성장세를 유지하고 있는 이웃 시장이기도 하다. 이를 피해 어느 다른 시장을 찾을 수 있을까? 게다가 중국은 여러 산업에서 이미 우리를 추월했고, 우리 기업을 옥죄고 있다. 그 시장에 뛰어들지 않으면 우리가 고사(枯死)당할 수도 있다.

이쯤 되면 "그럼 중국에 고분고분 굴복하자는 거냐?"라는 반박이 나올 수 있다. 아니다. '에이, 상대 못할 존재!'라는 식으로 중국에서 돌아서지 말아야 한다는 얘기다. 우리가 갖고 있는 경쟁력을 중국 시장에서 발휘하고, 거기서 번 돈을 연구개발에 투자해 다시 경쟁력을 높이는 선순환 구조를 이어가야 한다.

중국의 보복에 굽히지 않겠다는 결기는 필요하다. 그렇다고 감정에 치우쳐 중국을 무작정 '디스'해서는 안 된다. 이럴 때일수록 더 눈을 부릅뜨고 중국을 관찰하고, 시장을 공부해야 한다. 그래야 중국에 당당해질 수 있다. 애플의 사례가 지금 우리에게 던지는 메시지다.

중국 공산당, 흔들릴 것인가?

"경제가 발전하면 민의가 높아지고, 개인의 자유와 민주 의식도 생기고, 그게 정치적인 요구로 발전하고, 결국 사회 혼란으로 이어지는 건 당연해 보입니다. 중국이 과연 그걸 피해갈 수 있을까요?"

한마디로 '중국에서 민주화운동이 일어나는 것 아니냐?'는 물음이다. 우리가 경험했던 대로 말이다. 시진핑의 종신집권 문제가 일부 중국 지식인들의 반발을 불러일으키고, 그게 우리 언론에 전해지면서 이런 질문은 더 많이 제기되고 있다. 미국과 중국이 무역전쟁을 벌이자 서방의 많은 전문가들은 "이번에야 말로 중국이 트럼프에 패배해 위기에 직면할 것"이라고 말한다. 중국에 뭔가 이상 조짐이 있을 때 '중국붕괴론', '중국의 몰락', '중국경제 하드랜딩' 등은 여지없이 등장한다.

중국 붕괴론이 제기된 건 1990년대 초부터였지 싶다. 특히 1989년 천안문 사태가 일어난 직후 심했다. 당시 미국 CIA는 '중국이 유럽처럼 분열될 것'이라는 분석 자료를 내놓기도 했다. '중국의 몰락'을 예견하는 책이 쏟아졌다. 2001년 중국이 WTO에 가입한 후에도 그치지 않았다. '경제가 발전할수록 자유민주주의를 요구하는 목소리는 커질 수밖에 없다'는 논리다.

그런데 어찌 됐는가? 잘 버티고 있다. 아니, 버티는 수준이 아니라 미국과 맞짱 뜨겠다며 대드는 형국이다. 분명 경제는 발전했는데, 자유민주주의에 대한 욕구가 사회 전면으로 분출되지는 않았다. 그 많은 '몰락 전망'은 지금까지만 봐서는 틀렸다.

물론 천안문 사태 이후 민주화 요구를 위한 집단행동이 아주 없었던 건 아니다. 공산당 독재를 마감하고 정치 민주화를 이뤄야 한다고 요구한 '08헌장'이 대표적인 예다. 이 운동을 주도한 류샤오보는 노벨상을 받기도 했다. 그러나 그게 끝이다. 류의 죽음과 함께 '08헌장'도 잊혀져 가고 있다. 공산당의 장악력은 오히려 더 거세지고 있다. 시진핑의 종신집권에 대한 반발은 지식인과 학생 일각에서 꾸준히 제기될 것이지만 그 반발로 민주화운동이 일어나고 사회가 혼란에 빠질 것이냐는 건 또 다른 문제다.

우리는 이제 질문을 바꿔야 한다.

"중국에서는 왜 자유민주주의에 대한 요구가 약한가?", "경제가 발전했는데도 어찌하여 사회 불안 현상은 나타나지 않는가?"

우선 이런 답이 나온다.

2005년 상하이에서 발발한 반일 시위. 상하이의 젊은이들이 대거 참여했지만, 공청단이 주도한 관제 데모였다. 전문가들은 이때부터 중국 젊은이들의 민족주의 성향이 짙어졌다고 본다.

"공산당이 강압 정치를 하니까", "민주 인사를 격리시키고 탄압하니까."

그러나 충분한 답은 아니다. 중국이 어디 그리 모든 걸 '이것 아니면 저것'이라는 식으로 나눌 수 있는 나라이던가.

'지식인들이 뭘 생각하느냐'가 중요하다. 민중의 불만이나 요구를 응집해 이를 정치화하는 건 역시 지식인들의 몫일 테니까 말이다. 특히 체제에 도전할 만한 자유주의 성향의 지식인들을 살펴야 한다. 그들의 머릿속에 무엇이 있는지를 봐야 한다.

2017년 7월 27일 자 월스트리트저널(WSJ) 보도는 생각의 단초를 제공한다. '중국 젊은이들에게 서방의 매력이 점점 사라지고 있다'라는 제목의 1면 기사였다.

"2015-2016년 학기, 미국 대학에 등록한 중국 유학생들은 32만 8,547명이었다. 최고 기록이다. 재미있는 건 이들 학생 중 80%가 졸업 후 중국으로 귀국할 마음을 갖고 있다는 점이다. 예전에는 대부분 '가능하면 미국에 남고 싶다'고 했는데 말이다."

그들이 중국으로 돌아가는 가장 큰 이유는 '그곳에 일자리가 많아서'일 것이다. 그러나 그게 다는 아니다. WSJ은 '그들이 중국을 선택한 데는 애국심이 크게 작용하고 있다'고 봤다.

"미국, 유럽, 호주, 한국, 일본 등에서 공부하고 있는 131명의 학생들을 조사한 결과 80%에 달하는 학생이 '국내에 있을 때보다 지금 더 애국심을 느낀다'고 답했다. 약 3분의 2 이상의 학생들이 시진핑 주석의 '중국몽'에 동의하고 있다."

유학생들은 서방의 사조를 중국에 전파할 수 있는 세력이다. 이런 그들이 미국이 아닌 중국시스템 예찬을 늘어놓고 있는 것이다. 2017년 5월 미국에 유학 중인 한 중국 유학생은 "중국 공기가 나빠 미국으로 유학을 왔다"며 미국의 깨끗한 공기와 언론 자유를 찬양했다가 누리꾼들의 뭇매를 맞아야 했다. 조국을 배신했다며 중국으로 돌아오지 말라는 비난이 쏟아졌다. WSJ의 보도는 이게 단순한 해프닝이 아니라 중국 젊은이들의 일반적인 생각일 수도 있다는 걸 보여준다.

"중국의 젊은이들은 '미국이 주창하는 다당제 민주주의라는 게 반드시 옳은 것인가?', '돈으로 표를 사고, 정쟁으로 국력을 낭비하는데도 그 시스템을 따라 해야 하나?'라고 질문을 던진다. 중국의 젊은 유학생들은 '경제성장은 곧 민주주의 확산으로 이어질 것'이라는 서방의 통념에 도전하고 있다."

중국의 경제성장이 중국의 권위주의 체제를 더욱 굳건하게 만들어주는 역할을 하고 있다는 지적이다. 시진핑의 중국몽으로 응결되고 있는 민족주의가 젊은이들의 사고에 파고들고 있다.

시진핑 체제 등장 이후 해외 유학 중인 중국 학생들의 '애국심'은 더 커져가고 있다는 분석이다.

기성 지식인들은 어떨까? 중국에서 순수 정치학 연구는 약하다. 공산당 일당 체제에서 정치의 다원화를 가르치지 않기 때문이다. 지식인의 사고를 읽기 위해서는 경제학 분야를 보는 게 오히려 낫다.

중국 경제학계는 흔히 시장파(자유주의 학파)와 국가의 역할을 중시하는 신좌파로 구별된다. 서방시스템을 선호하는 지식인들은 주로 시장파 전문가들이다. 그들은 시장을 중시하며 정부의 역할은 가급적 줄여야 한다고 생각한다.

이런 그들에게조차 '공산당 독재를 어떻게 생각하십니까?'라고 묻는다면 대단한 실례다. 그들이 자유주의 성향을 가졌다고 해서 '공산당에 반감을 갖고 있겠지'라고 생각한다면 큰 오산이다. 좌파 성향의 학자들은 말할 것도 없고, 자유주의 성향의 학자들 역시 공산당 전제 정치를 인정한다. 그들이 당에 대해 한두 마디 비판적인 발언을 했다고 해서 '체제에 반대한다'라고 속단하면 안 된다.

왜 그럴까? 지식인 사회의 역사를 봐야 한다.

1989년 6월 천안문 사태가 터졌다. 지식인들은 천안문광장을 피로 물들인 탱크를 봤다. 좌절이었다. 그들은 흩어졌다. 일부는 장사의 길로 접어들고, 일부는 지방으로 내려가고, 또 일부는 해외로 유학을 떠났다. 문화대혁명(1966~1976)으로 씨가 말랐던 지식인 사회가 1978년 개혁개방 이후 10여 년 만에 또다시 위기에 직면한 것이다.

중국의 대표적인 시장파 경제학자들. 왼쪽부터 시계 방향으로
우징롄, 장웨이잉, 쉬샤오녠, 런즈창, 린이푸, 천즈우.

절망한 많은 지식인들이 해외 유학길에 올랐다. 도피라고 해도 좋다. 대부분 경제학 아니면 이공계를 선택했다. 정치학이나 사회학은 왠지 그들의 영역이 아니라는 생각에서다.

1990년대 중반쯤 미국에 유학하던 중국 학생들은 졸업 후 '남아야 하나 아니면 중국으로 돌아가야 하나'를 두고 선택의 기로에 놓였다. 일부는 귀국했다. 당시 중국의 정치 상황이 '기대해볼 만하다'라는 생각에서였다. 장쩌민-주룽지 시대였다. 덩샤오핑의 남순강화(1992) 이후 중국은 다시 개혁개방의 기치를 높게 들고 있었다. 공식적으로 '사회주의 시장경제' 노선이 채택되기도 했다(1993).

귀국한 해외 유학파들은 서방 경제를 국내에 들여왔다. 국내에서 활동하고 있던 우징롄, 리이닝 등 원조 시장파 학자들과 만나 '시장파'를 형성하게 된다. 이들 덕택에 1990년대 중반부터 약 10년 동안 중국 경제학계에서는 자유주의 사조가 학계의 주류로 자리 잡게 된다.

그런데 이들 자유주의 성향의 시장파 학자들이 건드리지 않는 부분이 있다. 바로 정치다. 그들은 공산당 권위주의 체제를 인정한다. 체제 내에서 경제 개혁을 이뤄내야 한다는 것이다. 그들은 오히려 공산당 체제를 인정했고, 일부는 적극적으로 동조하기도 한다.

"시장파 경제학자들이 권위주의 공산당과 손을 잡았다. 학문의 영역을 인정해줄 테니 정치 체제는 건드리지 말라는 약속이다."

영국의 중국 문제 전문가 마크 레너드가 자신의 책 《중국은 무엇을 생각하는가(What Does China Think)?》에서 한 말이다. 지식과 권력의 결탁(?)인 셈이다.

시진핑은 장기 집권 의지를 분명하게 내보이고 있다. 우리의 상식으로는 중국 지식인들이 독재 권력에 반발해야 한다. 그러나 조직적인 반발 움직임은 없다. 베이징외국어대학에서 학생을 가르치고 있는 우진훈 교수는 중국인들의 사고체계를 봐야 한다면서 "헌법 개정에 내심 불만을 가질 수는 있지만, 국가와 자신의 이익에 반하지 않으면 좀 더 지켜볼 수 있다는 게 중국인들의 심리"라고 이야기한다. 중국인 특유의 실사구시적 DNA가 작동한다는 말이다.

"백성들 입장에서는 어떤 정권이건 사회 안정을 유지시켜 내가 돈을 벌 수 있도록 환경을 조성해준다면 오케이다. 중국인들은 시 주석에게 권력이 집중되는 것을 보며 공산당 내부의 안정을 확인하고, 심리적 안정감을 찾는다. 안정적으로 돈 벌 수 있는 시대가 오고 있다고 판단하고 있는 것이다. 중국인의 사고체계는 지극히 현실적이다."

자, 처음 질문으로 돌아가보자.

"중국 사회가 과연 시민들의 민주화 요구로 사회 혼란에 빠질까?"

아주 먼 장래의 어느 날엔 그럴 수도 있겠다. 시진핑의 '종신집권'을 놓고 지식인들이 반발하고, 일반 국민들이 시니컬한 반응을 보일 수는 있다. 그러나 이런 움직임이 중국의 몰락을 가져올 만큼 파괴적으로 진행되지는 않을 것이다. 공산당은 지식인들의 머리를 훔치고 있다. 지식인 선배들은 권력과 결탁했고, 오늘의 후배들은 중국몽의 꿈에 젖어들고 있다. '중국인들도 배부르고 등 따뜻하면 결국 거리로 나서 민주화를 요구할 거야'라는 건 너무 순진한 생각이다. 오히려 그렇기 때문에 그들은 현실에 안주하고, 길들여진다.

심판이 공도 차는 시스템

'도대체 중국이라는 나라는 어떻게 움직이는가?'

우리는 앞의 글 제1부 '중국은 판매왕의 무덤?'에서 중국 시장의 특성을 대략 살펴봤다. 그 중 '심판이 공도 차는 시스템'도 간단히 언급했다. 이번에는 그 부분을 더 세밀하게 보자.

양제츠 중국 외교담당 정치국 위원이 청와대를 방문해 문재인 대통령을 만난 건 2018년 3월 30일이었다. 국내에서 중국이 사드를 푸느니, 마느니를 두고 갑론을박이 오가던 시기였다. 그날 그 자리에서 양 위원은 문 대통령에게 '믿어달라'고 했다. 단체관광 제한 등 그동안 사드를 이유로 시행됐던 제재조치를 풀겠다며 한 말이란다.

그런데 의문이 생긴다. 중국의 누구를, 중국의 무엇을 믿어달라는 얘긴가. 중국 소비자? 정부? 아니면 공산당? 이 문제는 중국의 정치 · 경제 시스템을 이해할 수 있는 중요한 단서를 제공한다. 정부와 시장의 역학관계 말이다.

설마 소비자를 믿어달라고 말한 건 아닐 것이다. 중국은 이미 여러 차례 '사드 제재는 소비자들이 스스로 알아서 하는 것이며, 정부의 정책과는 아무런 관련이 없다'고 주장해왔기 때문이다. 그렇다면 정부? 맞다. 정부다. '정부가 나서서 문제를 해결할 테니 믿어달라'는 얘기로 들린다. 그동안 '시장이 알아서 하는 일'이라고 방관하던 중국 정부가 이제는 알아서 처리하겠다고 나선 모습이다. 자기모순이다.

중국은 '당-국가 시스템'의 나라다. 공산당이 국가의 모든 기구를 장악한다. 정부도 당의 정책을 수행하는 기구일 뿐이다. 양제츠의 발언은 결국 당이 나서서 문제를 해결하겠다는 뜻이기도 하다. 그동안 자기네가 아니고 시장이 알아서 한 일이라고 주장해왔던 당(정부)이 '내가 하면 다 돼. 나를 믿어봐'라고 얼굴을 바꾼 것이다.

중국은 그런 나라다. 겉으로는 시장경제 체제로 움직이는 듯하지만 속으로 들어가 보면 국가가 시장에 '보이는 손(visible hand)'을 휘두른다. 양제츠 위원의 '믿어달라'라는 발언은 그 역학관계를 보여준 것이다.

축구에 비하자면 '심판이 공도 차는' 꼴이다. 심판은 경기를 관리하는 존재다. 경기가 과열되면 선수들을 진정시키고, 반칙하면 옐로카드를 내민다. 서방의 경제시스템에서 국가의 역할이 그렇다. 그러나 중국에서는 심판이 자기가 원하는 쪽으로 공을 슬쩍 차준다. 심지어 주장 행세도 한다. 국가가 경제에 직접 관여하는 '국가자본주의(state capitalism)'시스템이다.

이런 모습은 시진핑 2기 체제에 들어서면서 더 뚜렷해지고 있다. 시진핑은 새로운 당(黨) 건설을 내세운다. 당, 즉 국가가 정치 · 경제 · 사회 등에 대한 장악력을 높여야 한다고 말한다. 국가의 시장 개입은 더 폭넓게 용인된다. 월스트리트저널의 표현에 따르면 '빅 핸드(big hand)'가 시장을 장악하고 있다.

사례는 많다. 홍콩 사우스차이나모닝포스트(SCMP) 보도(2018. 1. 16)에 따르면 중국 정부는 2017년 10월부터 알리바바를 비롯해 텐센트, 바이두 등 IT 기업의 계열사 지분을 1%씩 확보하는 방안을 추진해왔다. 타깃은 이사회 의석이다. 이사회 발언을 통해 IT 기업에 대한 통제를 강화하고 장악력을 높이기 위해서다.

베이징에서 만난 칭화대학 A교수는 "BAT(바이두, 알리바바, 텐센트)뿐만 아니라 중소 IT 기업에도 공산당 조직이 설립되고 있다"며 "IT업체들은 지금 정부 눈치를 봐야 할 처지"라고 상황을 전했다.

인터넷 분야는 민영 경제를 대표한다. 그동안 민영 부문은 중국 경제 성장의 견인차 역할을 해왔다. 성장의 허파 같은 존재인 인터넷 기업들이 통제권 밖으로 벗어날 조짐을 보이자 권력이 여지없이 나타나 빅 핸드를 휘두르고 있다.

권력의 눈밖에 나면 아무리 큰 기업이라도 단번에 훅 갈 수 있다. '태자당(太子黨, 고위 지도자의 자제 그룹) 관시'를 바탕으로 공격적인 해외 투자를 펼쳐왔던 안방(安邦)보험은 경영권이 박탈됐다. 항공업계에서 시작해 해외 M&A로 몸집을 키우던 하이난항공(HNA)그룹도 직원

10만 명을 잘라야 하는 고통을 겪고 있다. 무리한 해외 인수가 화근이었지만, 그들을 응징한 것은 시장의 힘이 아니라 '정부의 주먹'이었다.

이런 와중에도 저장성의 민영 자동차회사인 지리(吉利)는 2018년 2월 다임러의 지분 9.69%(약 90억 달러)를 인수하는 등 해외 자산 인수에 광폭 행진을 이어가고 있다. 상하이의 푸싱(復興)그룹은 같은 달 프랑스의 명품 브랜드 '랑방(Lanvin)'을 손에 넣었다.

왜 누구는 되고, 누구는 안 되는가? 베이징의 한 투자회사에서 일하고 있는 경제분석가 우(吳) 선생은 "저장성의 지리와 상하이의 푸싱은 시진핑 주석이 정치적 기반을 다져온 지방의 기업"이라며 "지금은 '권력의 눈밖에 나면 죽음'이라는 말이 나올 정도로 눈치를 봐야 할 상황"이라고 말했다.

자연히 민영 기업들은 몸을 낮출 수밖에 없다. 알리바바를 이끌고 있는 마윈(馬雲)은 "공산당이 지금의 번영을 이끌었다"라며 당을 찬양하고 있다. 충성 맹세로 들린다. 실리콘밸리를 능가할 정도로 창업 열풍이 불고 있는 선전에도 '초심을 잊지 말고 우리의 사명을 명심하자(不忘初心, 牢記使命)'는 등의 정치 구호가 IT회사 담벼락에 걸려 있다.

국가 권력이 민영 부문을 더욱 통제하는 지금의 정치경제 구도는 경제에 악영향을 미칠 것이라는 주장이 제기된다. 데이비드 샴보 브루킹스연구소 선임연구원은 "국가의 통제와 간섭은 민간의 혁신 역량을 위축시켜 결국 경제성장을 위협할 것"이라고 말한다. 민간의 성장동력이 위축되면서 국가가 다시 인위적인 성장정책을 쓰게 되고, 결국 경제 왜곡만 심화시킬 뿐이라는 주장이다. 중국의 미래에 비교적 낙관적 태도를 보였던 그는 지금 비관론자로 바뀌었다.

실제로 그랬다. 중국은 1978년 개혁개방 추진 이후 권력을 민간에 이양하는 과정에서 성장의 동력을 확보했다. 중앙 권력이 강화될(收) 때보다 이양될(放) 때 경제가 더 안정적으로 성장했다. 특히 후진타오 주석 제1기(2003~2007년) 때에는 WTO(세계무역기구)에 가입하면서 자유주의 사조가 풍미했다. 민간으로의 권력 하방이 뚜렷한 시기였다. 중국 경제가 가장 호황을 누린 시기이기도 하다. 시진핑은 지금 그 분위기를 역행하고 있다. 시진핑의 권력 집중화가 경제에 어떤 영향을 미칠지 지켜볼 일이다.

국가와 시장의 관계를 서방이 아닌 중국의 시각으로 봐야 한다는 분석도 있다. 둘의 관계를 대립적이 아닌 보완 관계로 인식하는 중국의 사유를 이해해야 최근의 움직임을 제대로 읽을 수 있다는 얘기다. 전인갑 서강대 역사학과 교수는 "2100년 전 사마천이 쓴 《사기》에도 시장이 언급되어 있다"며 "역사적으로 중국에는 시장이 존재하지 않은 때가 없었고, 경제를 유지해나가는 가장 큰 힘이었다"라고 말한다. "시장은 경제 운용의 한 수단에 불과하다"는 덩샤오핑의 발언과 같은 맥락이다.

"시장은 국가 권력과 분리될 수 없는 관계였다. 국가가 시장을 통제하고 사회를 관리하면서 중국이라는 대일통(大一統)의 국면을 만들어내고, 인민들에게 먹고살 기반을 제공해왔다. 그게 중국에서 시장과 국가의 관계였다." (전인갑 교수)

그런 면에서 보면 중국 정부의 한 대표가 텐센트의 이사회에 참여하고 안방보험의 경영을 책임지는 것이 이해된다. '믿어달라'는 양제츠 위원의 발언도 여기에 근거한다. 중국에서 시장은 국가의 지도와 보호를 받는 존재일 뿐이다. 국가의 이익에 복속해야 하고, 국가는 자원을 빼갈 수 있다. 심판이 공을 슬쩍슬쩍 차주는 시스템하에서는 말이다.

차이나 브리핑

중국은 공산당이 세운 나라

중국은 '당-국가 시스템(Party-State System)'의 나라다. 당이 국가의 모든 권력을 장악한다. 3권(입법, 사법, 행정)은 물론 언론까지 틀어쥐고 있다. 홍콩 사태 소식은 대륙에서 완벽하게 통제되고 있다. 당이 시위대를 테러리스트로 지목하면, 그들은 테러리스트가 된다. '공산당 손바닥'이다.

국유기업이야 국가 소유니까 그렇다 치자. 그럼 개인 소유인 민영기업도 당이 장악하고 있는가? 민영기업에도 당의 입김이 작용할까?

중국은 국가자본주의 시스템의 나라다. 국가가 경제주체의 하나로 시장에 직접 뛰어든다. 아무리 간 큰 민영기업 사장이라도 당위원회의 눈치를 살피지 않을 수 없다. 연봉 1억 원을 주고 외부에서 '능력자'를 데려오는 이유다. 퇴직을 앞둔 유능한 공무원이 주요 영입 대상이다.

당과 국가의 생성 과정을 보면 이해가 간다.

중국에 공산당이 설립된 건 1921년이다. 그 당이 혁명을 통해 1949년 세운 나라가 바로 지금의 '중화인민공화국'이다. 당이 아버지라면, 국가는 아들인 셈이다. 아버지가 아들을 키우듯, 당은 국가를 장악한다. 그래서 인민해방군은 아직도 당의 군대다.

중국은 그런 나라다. 공산당이 어떻게 생각하느냐에 따라 국가가 일사불란하게 움직인다. 겉으로는 기업환경이 자유로운 것 같지만, 속으로 들어가 보면 당의 힘이 작용한다.

당의 결정은 법이요, 힘이다. 혹 심기라도 건드리면 공격의 대상이 되기도 한다. 우리가 사드 때 겪었던 일이다. 지금 홍콩에서 보고 있는 일이기도 하다.

안면인식 등 AI 기술이 발전하면서 당의 사회 통제력은 더욱 정교해지고 있다. 중국인들은 그걸 당연하게 받아들인다. 그래서 공산당이 더 무섭다.

무작정 비난할 건 아니다. 무찔러야 할 대상도 아니다. 그럴수록 더 연구하고, 더 관찰해야 할 대상이 바로 중국 공산당이다.

시진핑 경제의 미래 10년

이제야 모든 퍼즐이 맞춰진다. 관례대로라면 총리에게 맡겨야 했을 중앙재경영도소조(中央財經領導小組) 조장 자리를 왜 시진핑 주석 자신이 직접 꿰찼는지, 반부패 드라이브의 대상이 왜 반대파 거물급 인사에 집중됐는지, 2017년 제19차 당대회에서는 왜 격대지정(隔代指定. 차차기 지도자를 지정함)의 관례를 깨고 후계자를 지정하지 않았는지…. 이는 모두 하나의 목표를 향한 일련의 움직임이었다. 시진핑 주석의 집권 연장을 위한 '3선 개헌' 말이다.

도대체 중국은 어디로 가려는 것일까?

중국이 세계의 정치 · 경제 문제에 대해 자신의 목소리를 낼 수 있게 된 힘은 '경제'에서 나왔다. 급속한 경제성장으로 부를 축적했고, 내수

중국 선전 롄화산에 있는 덩샤오핑 동상

시장을 키웠다. 힘은 이제 해외로 뻗치고 있다. 그 힘이 워낙 커 주변국을 겁주고 있다. 그렇다면 경제를 일으킨 동력은 어디에서 나왔는가? 필자는 그 답을 체제에서 찾는다. 한마디로 표현하자면 이것이다.

'권위주의 정치'와 '포용 경제'.

공산당 정권은 국가를 틀어쥐고 독재 권력을 행사하고 있다. 당이 곧 국가다. 정치적 이견은 존재할 수 없다. 그러나 경제는 달랐다. 계획경제를 고집하지 않고 자본주의의 전유물이라는 '시장 메커니즘'을 전적으로 받아들였다. 덩샤오핑의 설명은 간명했다.

"계획경제가 곧 사회주의는 아니다. 자본주의에도 계획은 있다. 시장경제가 곧 자본주의는 아니다. 사회주의에도 시장은 있다(計劃經濟不等於社會主義, 資本主義也有計劃; 市場經濟不等於資本主義, 社會主義也有市場)." (1992년 남순강화 중에서)

'시장이니, 계획이니 하는 것은 경제 운용의 한 수단(tool)일 뿐'이라는 얘기다. 중국은 그렇게 '사회주의 시장경제'라는 국가시스템을 만들었다. 거대한 실험이었다. 강한 공산당은 국가의 비전을 제시했고, 시장의 자율 조절 기능을 체제 안으로 끌어들였다. 그 결과가 세계 2위 경제 대국이다.

1978년 개혁개방 이후 중국 공산당의 정치, 경제 운용의 큰 흐름은 권력의 하방(下放)이었다. 국가의 권력을 민간에 이양하는 과정에서 성장의 동력을 찾아냈다. 그게 바로 개혁개방의 설계사 덩샤오핑이 의도한 발전 전략이었다. 그렇다고 순탄한 것만은 아니었다. 성장의 큰 트렌드 속에도 기복은 있었다. 당이 중앙 권력을 민간에 풀어주느냐(放), 아니면 회수하느냐(收)에 따라 정치, 경제는 출렁였다.

그 역사를 보자. 그래야 시진핑 체제의 내일이 보인다. 미국의 유력 중국 전문가인 데이비드 샴보의 시기 구분을 참고했다.

1978-1989: 자유주의적 신권위주의(放)

덩샤오핑이 개혁개방 기치를 들었던 시기다. 문화대혁명에 시달렸던 중국인들은 당 권력에 진절머리를 냈다. 덩은 당 통제를 풀기 시작했다. 문혁으로 꽉 막혔던 사회에 숨통이 트였다. 1980년대 중반 들어 지식인들을 중심으로 민주화를 요구하는 급진적인 사조가 퍼지기도 했다. 경제특구가 들어서고 경제가 돌아가기 시작했다.

1989-1992: 신전체주의(收)

장쩌민이 전면에 나서고, 덩샤오핑이 뒤에서 받쳐주던 시기였다. 지식층을 중심으로 한 자유주의 사조는 결국 1989년 천안문 사태로 이어졌고, 민주화 열기는 처참하게 꺾이고 만다. 이후 덩샤오핑의 남순강화가 이뤄졌던 1992년 초까지 당은 풀었던 권력을 거둬들였다. 외부를 향해 열었던 문을 다시 걸어 잠갔다. 언론은 통제됐고, 반체제 인사는 탄압을 피해 지하로 숨어야 했다. 경제는 후퇴했다. 중앙이 권력을 강화하고, 민간에 풀었던 권력을 회수하면 경제가 타격을 받게 된다는 것을 여실히 보여줬다.

1992-1998: 경성 권위주의(제한된 '放')

장쩌민이 집권 1기를 시작할 때다. 1992년 덩샤오핑의 남순강화 이후 중국은 다시 권력을 풀기 시작한다. 천안문 사태 여파로 중단된 개혁개방이 다시 시작됐다. 그러나 한계는 있었다. '서방이 평화적인 수단으로 중국을 전복하려 한다(和平演變)'는 압박감이 적극적인 개방을 방해했다. 당시 총리였던 리펑(李鵬)이 사사건건 개혁의 발목을 잡았다. 시장 개방은 당이 설정한 범위 내에서만 추진됐고, 정치 개혁은 여전히 금기사항이었다. 민간에 대한 통제와 압박은 크게 개선되지 않았다.

1998-2008: 연성 권위주의(放)

장쩌민 집권 2기에 들어서면서 중국은 보다 과감하게 권력을 풀기 시작했다. 상하이방 출신의 주룽지(朱鎔基)가 총리에 올랐던 1998년부터 개방은 가속화된다. 당시 총서기였던 장쩌민은 소위 '3개 대표(三個代表)'를 내세워 "자본가도 우리 편"이라고 외쳤다. 공산당은 농민, 노동자뿐만 아니라 자본가의 이익도 대표한다는 얘기였다. 당내 민주화 등 정치 개혁이 진행됐고, 시장에 대한 정부의 개입은 줄어들었다.

후진타오 체제가 시작된 2002년 중국은 WTO에 가입했고, 자유주의 사조가 퍼지기 시작했다. 경제는 황금기를 맞는다. 일본을 누르고 세계 2위 경제 대국에 올랐다. 정부의 개입이 줄면 민간의 활력은 높아진다는 걸 보여준다.

2008-2017: 경성 권위주의(제한된 '收')

후진타오 집권 후기였던 2008년을 고비로 중국 공산당은 권력을 다시 거둬들이기 시작한다. 세계 금융위기, 티베트와 신장에서의 폭동 등으로 국내외에서 위협을 느끼면서 다시 통제 강화에 나섰다. 정치 개혁은 중단됐고, 국가의 시장 개입이 강조되는 '국진민퇴(國進民退)' 현상이 나타났다.

2012년 시진핑-리커창 체제가 들어서면서 이 같은 흐름은 더 강화됐다. 시진핑 주석의 반(反)부패 드라이브로 권력은 1인에게 집중되었고, 리커창의 친(親)시장 정책은 점점 한계를 노출하고 있다. 시험적으로 진행되던 정치 개혁은 중단됐다.

이 같은 흐름을 걸어오던 중국 정계에 2018년 파란이 인다. 시진핑 주석이 헌법을 바꿔 집권 연장의 길을 걷겠다는 뜻을 분명히 한 것이다. 세계는 지금 시진핑의 또 다른 장기 집권 시대가 열릴지 주목하고 있다.

1949년 건국 이후 중국 최고 지도자는 마오쩌둥, 덩샤오핑, 장쩌민,

개혁개방 이후 중국의 정치 · 경제 발전 과정

구분	시기	지도자	계기	특징과 키워드
자유주의적 신권위주의	1978~1989	덩샤오핑 (자오쯔양)	개혁개방	자유주의 사조 흡수, 민주화 기대, 경제특구
신전체주의	1989~1992	덩샤오핑 (장쩌민)	천안문 사태	마오쩌둥식 통제, 퇴행, 위축, 개혁개방 축소
경성 권위주의	1992~1998	장쩌민(전기)	화평연변 (和平演變)	관료주의, 제한된 통제 완화, 제한적 개혁
연성 권위주의	1998~2008	장쩌민(후기) 후진타오(전기)	3개 대표 WTO 가입	정치 개혁, 시장 개입 자제, 부분 경제 개혁
경성 권위주의	2008~2017	후진타오(후기) 시진핑(전기)	국진민퇴 반부패	관료주의, 국가 개입, 경제 왜곡, 민간 위축
강성 권위주의	2018~	시진핑(후기)	중국몽 신형 대국	국가권력 강화, 반대 세력 탄압, 민간 위축

《중국의 미래》(데이비드 샴보, 한국경제신문) 참고

후진타오 등을 거쳐 시진핑에 이르고 있다. 그러나 《2035 중국 황제의 길》의 저자 유상철 중앙일보 논설위원은 '마오(毛)-덩(鄧)-시(習)의 3 라인'으로 본다. 장쩌민, 후진타오는 덩 시대의 일원일 뿐이라는 해석이다. 유상철은 "내전과 혁명 등을 거치며 나라를 일으킨 마오의 30년, 개혁개방으로 부(富)를 일군 덩의 30년과는 확연히 다른 시진핑의 30년이 시작됐다"고 보고 있다. 그게 바로 시진핑 신시대다.

그렇다면 시진핑 신시대는 어떤 내용을 담을 것인가?

2017년 가을 열린 19차 당대회로 가보자. 당시 시진핑 총서기 보고의 핵심 키워드 중 하나는 '당(黨) 건설'이다. 빈부격차 없는 새로운 사회주의 건설을 위해 당의 개입을 강화하겠다는 거다. 국가가 그간 놓았

©조상래

'당과 함께 창업'. 선전의 한 IT 기업 로비에 등장한 슬로건이다.
국가의 민간 부분 개입이 커지고 있음을 상징한다.

던 권력을 다시 회수(收)하겠다는 뜻이기도 하다. 더욱 강력한 권위주의 시대가 시작될 것임을 예고한다. 필자가 시진핑 2기를 '강성 권위주의'로 보는 이유다.

서방 전문가는 시진핑 체제를 비관적으로 본다. 데이비드 샴보는 "국가권력이 개입하면서 민간 부분이 위축되고, 이로 인해 경제가 정체 상태에 빠지게 될 것"이라고 분석한다. 2기로 접어든 시진핑 체제는 1기 때보다 더 중앙 권력을 강화할 것이고, 사회 반발을 저지하는 과정에서 강압적인 권위주의 체제로 변할 것이라는 게 그의 생각이다.

앞의 역사 구분에서 보았듯 당이 권력을 다시 거둬들이면(收) 민간의 성장 탄력은 약화될 수밖에 없다. 경제엔 타격이다. 이를 만회하기 위해 정부는 투자를 인위적으로 늘리는 등 '억지 성장'을 시도하게 된다. 이는 경제 왜곡을 심화시킬 뿐이다. 중국이 6~7% 성장을 맞추려는 것이 오히려 경제에 독이 될 수 있다는 얘기다. 2008년 세계 금융위기 직후 중국은 4조 위안의 대규모 경제부양자금을 풀었고, 당시 풀린 자금은 지금까지도 중국 경제의 건전한 발전을 막고 있다.

경제성장의 원동력이었던 경제의 포용성이 심각하게 위축되면 성장은 지체될 수밖에 없다. "중국 경제성장은 국유 부문이 아닌 민영 부문이 주도했다. 민영 부문에 대한 국가 개입의 강화는 경제를 오히려 후퇴시키고 왜곡을 낳을 뿐"이라는 미국의 또 다른 중국 전문가 니컬러스 라디 피터슨의 분석과 맥을 같이한다.

여기서 한 가지 의문이 떠오른다. 이들의 주장과는 달리 시진핑시대에서도 IT분야 혁신으로 민영 부문은 활기를 보이고 있다는 점이다. 중국은 지금 인터넷 모바일혁명이 한창이다. 알리바바, 샤오미, 화웨이 등 민영 기업이 산업에 활기를 불어넣고 있다. 4차 산업혁명의 총아라는 인공지능, 빅데이터, 블록체인 등도 어느 나라보다 앞서 달려 나가고 있다. 그런데도 중국 경제가 혁신적이지 않다고?

샴보를 비롯한 많은 서방 학자들은 '아니다'라고 본다. 혁신이 아닌, 상업적 카피일 뿐이라는 지적이다. 일리 있는 주장이다. 우선 추진 주체를 봐야 한다. 인터넷 경제, 창업 등은 모두 리커창 총리가 주도하는 어젠다다. 그러나 리 총리의 경제 장악력은 지금 한계를 노출하고 있다. 시진핑 집권 2기로 접어들면서 민영 기업 활동에 국가의 개입이 늘어가는 것도 현실이다. 당의 개입이 성장동력에 부정적인 영향을 줄 수 있음은 분명해 보인다.

베이징 취재 때 만난 칭화대 A교수도 같은 생각이었다. 그는 이름만 대면 금방 알 수 있는 중국 학계의 대표적인 IT전문가로, 정책 수립에도 관여하고 있다. 그와의 인터뷰다.

– 정부의 개입이 정말 심한가?

“그렇다. IT업체들은 정부 눈치를 봐야 할 상황이다. 지금 자본의 해외 유출이 심한 것도 그 때문이다. 국가 통제가 심해지니 도망치는 것이다.”

– 시진핑은 푸젠, 저장, 상하이 당서기 등 개혁개방 지역을 이끈 경험을 갖고 있다. 누구보다 경제를 잘 알지 않는가?

“그는 젊었을 때 문혁을 겪으면서 국가의 힘을 더 크게 경험했던 사람이다. 경제는 잘 모른다. 젊었을 때 체득한 게 평생을 좌우한다. 혁명가 집안에서 자란 공산주의자다.”

– 경제에 어떤 영향을 줄 것으로 보는가?”

“지금 중국의 경제 상황은 다소 불안하다. 국유 기업은 힘이 빠져 있고, 성장을 주도했던 민영 기업들은 움츠리고 있다. 부자들은 돈을 해외로 빼낼 궁리만 하고 있다. 걱정할 만한 수준이다. 국가 개입은 민간의 역동성을 침해하고, 시장의 활력을 떨어뜨릴 뿐이다.”

그렇다고 시진핑 시기의 중국 경제가 금방 큰 위기에 봉착할 것이라는 얘기는 아니다. A교수도 “경제의 탄력성이 떨어지고, 성장률 유지에 부담이 된다는 것일 뿐 서방 일부 전문가들이 주장하는 것처럼 경제가 금방 경착륙한다는 것은 아니다”라고 강조한다.

시진핑 체제가 경제에 미치는 악영향에도 불구하고 ‘강성 권위주의’

의 길을 걷는 이유는 무엇일까. 중국 정치를 연구하고 있는 이동률 동국대학 교수는 "내재적 자신감이 결여됐기 때문"이라고 진단한다. 중국은 겉으로는 강한 것 같지만 속으로 들어가 보면 빈부격차, 지역 간 성장 불균형, 부패, 민족 분규 등 다양한 문제들로 시달리고 있다. 당의 권력이 약해지면 자칫 걷잡을 수 없는 혼란으로 이어질 수 있다. 당 권력을 다시 거둬들여야 할 필요성이 대두된 것이다.

그러나 중국은 이미 탱크로 민주화운동을 탄압했던 1989년의 상황이 아니다. 국민들은 여권을 갖고 있어 해외여행이 자유롭고, 10억 인구가 인터넷으로 해외 소식을 접할 수 있다. 일반 국민들이 당의 탄압에 순응하는 듯 '위장된 행동'을 보이지만, 속으로는 다 안다. 다만 이기적 필요성을 감안해 침묵하고 있을 뿐이다. 정권 안정을 위한 선전활동 비용은 점점 더 높아진다.

정권의 관리가 먹혀들지 않을 때 그들이 선택할 수 있는 것은 더 엄격한 사회 통제뿐이다. 중국 역사가 마오쩌둥까지는 아니더라도 1989년 천안문 사태 직후에 보였던 신(新)전체주의 시기로 후퇴할 수 있다.

주변국에도 바람직하지 않은 일이다. 시진핑 체제의 대외정책은 패권적 성향을 보이면서 더 거칠어질 것으로 예상된다. 현 정치 상황은 중앙집권 체제의 강화를 시도했던 제국 시대 상황과 맞물린다. 강력한 중앙 권력을 통해 내적 통일성을 키우고, 그 힘으로 외부로 뻗어나가는 시기다. 제국의 꿈을 키울 때 황제의 힘은 강해진다. 이럴 경우 중국은 주변국에 대해 공세적인 움직임을 취하게 되고, 이는 아시아 전체의 긴장 수위를 높일 수 있다. 중국은 이미 남중국해, 양안(대만해협) 등에서 미국을 비롯한 관련국과 갈등을 빚고 있다. 한반도에서도 사드, 북핵 문제 등을 놓고 미국과 치열한 신경전을 벌이고 있다. 중국 전투기는 걸핏하면 한국 방공식별구역에 출몰한다.

중국은 주변국과의 경제 공생을 얘기하지만 바다에서, 하늘에서, 그리고 땅에서 근력을 자랑한다. 민족주의 성향을 보이고 있는 그들은 중국과 주변국의 관계를 전통적인 주종관계로 보려는 시각도 강해지고 있다. 그런 중국에 공격의 빌미라도 제공한다면 자칫 화를 당할 수도 있다. 시진핑은 주변국과의 운명 공동체를 주장하며 일대일로의 참여를 촉구하고 있지만 현실은 반대로 진행될 수 있다. 시진핑의 '강성 권위주의' 권력은 중국 내에서, 그리고 해외에서도 적지 않은 스트레스를 유발할 가능성이 높다.

중국, 파트너인가 친구인가?

시진핑의 중국몽(中國夢)은 강군몽(强軍夢)으로 발전하고, 칼끝은 미국을 겨냥한다. 도널드 트럼프 미국 대통령은 '미국 우선(America First)'을 외치며 중국을 밀어붙이고 있다. 무역전쟁의 포문을 열었고, 남중국해와 대만해협에서는 군사적 긴장감이 감돈다.

이 파워 게임을 어떻게 읽어야 할 것인가? 이는 미·중의 세력 대결 속에서 우리는 어떤 포지션을 잡아야 하는지와 연결된 문제다.

3명의 전문가들을 만나보자. 중국 전문가 1명, 그리고 미국 전문가 2명. 그들의 서로 다른 시각을 통해 중국을 입체적으로 볼 수 있다.

우선, 중앙당교 국제전략연구원 부원장인 가오쭈구이(高祖貴) 교수. 그가 속해 있는 당교는 공산당 이데올로기의 본산이다. 그러기에 가오 교수의 발언은 중국 공산당이 뭘 생각하고 있는지를 가늠할 수 있게 해 준다.

2017년 가을 열렸던 중국 공산당 19차 당대회가 끝난 지 1주일쯤 지났을 때 주한 중국대사관에서 전화가 왔다. '19차 당대회를 통해 본 중국의 외교정책 변화'를 주제로 강연이 있을 예정인데 참석할 수 있느냐는 것이었다. 강사가 바로 가오 교수였다. '중국이 전 세계 주요 외교공관을 통해 당대회 선전에 나섰구나'라고 직감했다.

충분히 예상했던 내용이었다. 핵심은 '미국의 세력은 지고, 중국은 떨치고 일어난다'라는 것이다. 그는 세계 정세의 큰 흐름이 "미국 중심의 단극 세계에서 다극화, 블록화로 바뀌고 있다"고 진단했다. "미국뿐만 아니라 중국, 러시아, 독일, 인도 등의 지역 강국이 등장하고 있고, 이들 강국을 중심으로 지역 블록화가 진행되고 있다"는 설명이다. 가오 교수는 이 과정에서 '탈서구(Post-West)' 흐름이 나타나고 있다고 강조했다. 미국 모델이 힘을 다하고 있다는 지적이다.

가오 교수의 논지는 분명했다. 중국이 기존의 자유민주주의 체제와 견줄 수 있는 새로운 발전 모델, 즉 차이나 스탠더드를 만들어가고 있다는 것이다. 그는 "미국이 주도하는 세계는 막을 내리고 있고, 아시아에서는 중국이 지역 강국으로 등장하고 있다"고 강조했다. 그는 확신에 차 있었다. 강연에 막힘이 없었다. 시진핑이 제시한 '미국을 능가하는 중국의 굴기'에 흥분하고 있는 중국 지식인들의 모습을 보는 듯했다.

"중국은 정당한 권익을 절대 포기하지 않을 것이다. 그 어떤 이도 중국이 자신의 이익을 해치는 쓴 열매를 삼킬 것이라는 헛된 꿈을 버려야 한다."

'중국의 이익을 건드리는 자는 가만히 놔두지 않겠다'는 뜻이다. 시진핑 총서기의 19차 당대회 연설에 나온 것과 동일한 문구다. 힘이 세진 중국은 그런 위협적인 모습으로 우리 곁으로 다가오고 있다.

중국의 굴기를 보고 있는 서방 학자들의 생각은 어떨까?

이번에는 미국의 싱크탱크인 허드슨연구소 산하 중국전략센터의 마이클 필스버리(Michael Pillsbury) 소장을 만나보자. 리처드 닉슨부터 버락 오바마에 이르기까지 역대 미국 대통령들의 대중국 외교 전략을 자문했던 인물이다. 지금도 국방부 고문으로 일하고 있다.

"우리가 잘못 알았다. 몸을 낮추던 중국은 그들의 세(勢)가 상대를 능가한다고 판단하면 가차 없이 힘을 과시한다. 그들은 겉으로만 평화적인 척, 상대방을 존중해주는 척했을 뿐이다. 우리는 이제 그들과 힘겨운 싸움을 시작해야 한다."

필스버리는 《백년의 마라톤(The Hundred-Year Marathon)》이라는 책에서 이렇게 말했다. '중국에 속았다'는 반성의 고백이자, 앞으로는 절대 속지 않겠다는 맹세이기도 하다.

그는 "나를 포함한 서방 전문가들이 중국을 착각했다"고 말한다. 애초부터 틀린 가설을 갖고 중국에 접근했기 때문이다. 더 정확하게는 중국에 대한 미국의 막연한 낙관론이 중국을 키웠고, 머지않아 호되게 당하는 날이 올 수도 있다는 지적이다.

어떤 가설일까?

가설 1: 중국을 포용한다면 완벽한 협력이 가능할 것이다.

©구글

마이클 필스버리,
그리고 《백년의 마라톤》

현실: 아니다. 중국은 북한과 이란의 핵무기를 억제하는 데 아무런 도움이 되지 못했다.

가설 2: 중국이 민주주의 길을 걸을 것이다.

현실: 아니다. 서방과는 완연히 다른 중국 특유의 '권위적 자본주의'가 강화되고 있다.

가설 3 : 중국은 무너지기 쉬운 힘이다.

현실: 아니다. '중국 붕괴론'을 믿고 중국을 지원해준 게 오히려 부메랑이 돼 돌아오고 있다.

가설 4 : 중국은 미국처럼 되고 싶어 한다.

현실: 아니다. 미국의 오만일 뿐이다.

가설 5 : 중국의 강경파는 영향력이 미약하다.

현실: 아니다. 그들은 건재하며 자유주의 세력을 압도하고 있다.

한마디로 '미국이 원하는 대로 중국을 생각했고, 미국이 원하는 방향으로 중국이 따라올 것으로 기대하고 밀어줬지만 결과는 거꾸로였다'는 얘기다.

중국은 미국을 무너뜨리기 위해 속으로 힘을 키우고, 공작을 해왔다. 도광양회(韜光養晦)다. 시진핑 시기 들어 중국은 발톱을 드러냈다. 미국에 대해 머리를 꼿꼿이 들고, 얼굴을 마주보기 시작한 것이다. 앞에서 본 가오쭈구이 교수의 주장에서 확인했던 일이다.

필스버리는 "중국 싱크탱크들이 2009년 중반부터 '미국의 상대적 쇠락이 중국에 미치는 영향'을 논의하기 시작했다"고 말한다. 2008년 세계 금융위기가 자본주의의 본산인 미국에서 터진 직후다.

"중국의 애국적 학자와 정보기관들은 '백년의 마라톤'의 결승선을 예상보다 10년, 심지어 20년 정도 앞당길 수 있다고 기대하고 있다. 중국이 위안화 국제화를 추진하고, '위대한 중화민족의 부흥'을 주창하고, 일대일로 전략을 내거는 등 일련의 글로벌 공세가 그런 맥락이다."

시선을 아시아로 돌려보자. 중국은 미국과의 게임이 '마라톤'이라면, 아시아 국가들과의 경쟁은 '800m 달리기'쯤으로 생각할지도 모른다. 이미 경제적으로 일본을 제쳤으니 승리한 게임이라고 간주할 수도 있다. 군사력으로도 역내에서 중국을 위협할 나라는 없다. 중국은 스스로를 '아시아의 도덕 강국'으로 자리매김하고 싶어 한다. 중국을 중심으로 주종질서가 형성됐던 황제 시기를 꿈꾸고 있다. 그 질서 속에서 중국에 대드는 나라가 나오면 강력하게 응징한다. 사드 사태는 그 파편일 뿐이다.

자, 여기 또다른 미국 전문가가 있다. 그는 중국의 실력을 좀 더 냉철하게 봐야 한다고 주장한다. 미국의 국제정치 분석가인 이언 브레머

'중국이 이겼다.' TIME 커버

(Ian Bremmer)가 주인공이다. 《리더가 사라진 세계》, 《국가는 무엇을 해야 하는가》라는 책으로 우리나라에도 잘 알려진 인물이다.

브레머가 2017년 11월 미국의 시사주간지 〈타임(TIME)〉에 글을 썼다. '중국 경제는 어떻게 미래 승자가 될 것인가(How China's Economy Is Poised to Win the Future)'라는 제목이다. 커버에 'China won'과 이를 중국어로 번역한 '中國贏了'를 거꾸로 배치해 화제가 됐던 바로 그 칼럼이다(2017. 11. 2).

제목 그대로다. 그는 "미국과 중국 중 누가 지금의 영향력을 미래까지 이어갈 수 있을까?"라는 질문에 "당신이 만일 미국에 미래를 건다면, 그건 어리석은 일이다"라고 답한다. '중국'을 선택하는 게 더 현명할 것이라는 주장이다. 중국의 국가자본주의 체제가 서방의 자유민주주의보다 더 효율적이라는 게 그의 시각이다.

브레머는 중국이 서방을 이길 수밖에 없는 5가지 이유가 있다고 했다. 하나하나 들어보자.

첫째, 중국은 세계에서 가장 강력한 지도자를 가졌다. 시진핑이다. 그는 지난 집권 5년 강력한 반부패 투쟁으로 인민의 마음을 얻었다. 마오쩌둥을 추월하는 영향력을 가졌다. 시진핑은 '표'를 걱정할 필요도 없다. 헌법을 수정해 마음만 먹으면 '종신 집권'도 할 수 있다. 미국이 가장 지지도 낮은 대통령을 갖고 있는 지금, 중국은 가장 강한 지도자를 가졌다.

둘째, 국가통제경제(state-controlled economy)의 위력이다. 중국의 경제 규모는 미국의 40%에 불과하지만 정부의 지침대로 움직이는 국유기업이 정책 수행에 힘을 실어주고 있다. 국가가 원하는 대로 자원을 집중할 수 있다. 국가 프로젝트인 일대일로를 통해 60여 개 주변 국가 경제에 각종 SOC 개발사업을 지원한다. 미국으로서는 꿈도 꿀 수 없는 일이다.

셋째, 일자리 안정이다. 중국은 기술의 발달, 그로 인한 실업이 사회를 얼마나 위험에 빠뜨리는지 잘 알고 있다. 중국도 일자리 상황은 항상 불안하다. 그러나 어느 다른 나라보다도 탄력적으로 대응할 수 있다. 공공 분야 일자리 창출로 이를 극복하고자 한다. 국가통제경제시스템이기에 가능한 얘기다.

넷째, 기술을 활용한 사회 관리다. 중국은 기술 수단을 동원해 국민들의 생활을 감시할 수 있다. 서방 기업들은 빅데이터를 이윤 추구에 활용하지만, 중국 기업들은 사회신용시스템에 활용한다. 서방은 이를 '빅 브라더' 사회라고 비난할 수 있겠지만, 중국은 사회 신용 제고를 범죄 예방의 한 수단으로 받아들인다.

다섯째, '중국 모델'이 다른 나라에서도 먹히고 있다는 점이다. 서방 자유민주주의가 문제를 노출하면서 중국식 발전 모델은 아시아, 아프리카 등에서 확산되고 있다. 다양화되고 있는 세계에 하나의 옵션이 될 수 있다. 물론 중국 시스템에 문제가 없는 것은 아니다. 그러나 분명한 것은 '중국의 국가자본주의 모델이 곧 한계에 직면할 것이라는 서방의 기존 가정은 포기해야 한다'는 점이다.

3인의 전문가들이 중국을 보는 시각과 입장은 각기 다르다. 그럼에도 공통되는 게 하나 있다. 바로 '중국이 정치적 · 경제적으로 굴기했다'라는 점이다. 중국 중앙당교의 가오 교수는 중국의 굴기를 확성기처럼 반복하고 있고, 보수 성향의 중국 전문가인 필스버리는 중국의 굴기에 위협을 느끼고 반격에 나서야 한다고 주장한다. 중국의 체제를 연구한 국제정치 전문가인 이언 브레머는 중국이 굴기할 수밖에 없는 근거를 제시하며 중국의 미래를 낙관하고 있다.

트럼프는 '필스버리 방식'을 선택한 듯 보인다. '더 이상 중국을 놔뒀다가는 미국을 밀쳐낼 것'이라는 위기감으로 반격에 나서고 있다. 2018년 3월 무역전쟁에서 시작된 트럼프의 공격은 금융, 더 나아가 군사 부문까지 이어질 수 있다.

3인의 전문가는 서로 다른 메시지를 한국에 보내는 듯싶다. 가오 교수는 '중화 질서로 들어오라'고 하고, 필스버리는 '중국 포위 전선에 합류하라'고 압박을 가한다. 이언 브레머는 좀 더 깊숙하게 중국을 연구할 것을 요구하고, 실리에 따라 길을 잡으라고 말하고 있다.

경계에 선 한국, 우리는 과연 어떤 포지션을 잡아야 하는가?

"중국은 우리의 파트너다. 친구는 아니다(China is our partner. It is not our friend)."

〈파이낸셜타임스〉의 유명 칼럼니스트인 마틴 울프(Martin Wolf)가 한 말이다(2017. 11. 1). 그는 "강력한 한 지도자(시진핑)가 통치하는 중국은 레닌식 독재 체제에서 강대국으로 성장하고 있다"며 "그러나 서방으로서는 중국과의 협력 외에는 다른 방법이 없다"고 말한다. 파트너가 되어야 할 이유다. 그렇다고 마음을 터놓고 얘기할 수 있는 친구는 아니다. 생각이 다르고, 의식구조가 다르기 때문이다. 울프는 "중국이 자국 모델 수출에 나서면서 서방과 중국 간 체제 경쟁이 벌어질 것"으로 예견했다. 이데올로기 전쟁이다. 거기에 '친구'가 끼어들 여지는 없다.

남의 얘기가 아니다. 마틴 울프의 지적은 우리에게도 적용된다.

중국은 우리의 정치와 경제, 안보 등의 모든 면에서 함께 협력해야 할 대상이다. 그들의 도움이 필요하다. 한반도 평화를 이뤄내고, 우리 기업들의 상품시장을 확보해야 한다. 김정은 북한 국무위원장과 한반도 평화를 얘기하고 있지만 중국의 협력과 지원은 필수불가결한 요소다. 주변 지역의 정세 안정이 필요한 중국 역시 우리와의 협력이 절실하다. 그런 점에서 파트너다.

그렇다고 '친구하자'라고 나설 수는 없는 일이다. 우리는 사드 사태를 지나며 중국이 분명 우리와는 다르다는 걸 확인했다. 그들은 함께 가치를 공유하며 지내는 친구가 아닌, 그냥 쿨하게 협력해야 할 파트너일 뿐이다. 억지로 친구하자고 달려든다면 부작용만 발생한다. 상대는 쿨하게 나오고 있는데 괜히 우리만 몸이 달아 달려든다면, 그렇게 해서 나온 정책은 패착이 되기 쉽다.

'쿨한 파트너' 중국과의 경쟁에서 이길 수 있는 방법은 뭘까?

마틴 울프의 얘기를 다시 들어보자.

"서방은 2가지 도전에 직면할 것이다. 첫째, 중국과 척지지 않는 관계를 유지하면서도 어떻게 경제적, 기술적 우위를 유지하느냐에 있다. 둘째, 민주주의 가치를 부활시키고, 역동적이고 포용적인 경제시스템을 회복할 수 있느냐의 문제다."

중국에 대한 기술 우위를 유지할 수 있느냐, 역동적인 시장경제시스템을 회복할 수 있느냐, 정치 개혁을 단행할 수 있느냐 등에 서방의 미래가 달려 있다는 얘기다. 우리에게 던지는 충고이기도 하다.

쌍순환,
포스트 코로나 시대의 키워드

쌍순환(雙循環 · Dual Circulation)

시진핑 중국 국가주석, 이 말을 입에 달고 산다. 공식석상에 가면 꼭 언급한다. 2020년 5월 14일 중국 공산당 중앙정치국상무위원회에서 처음 말했다. 이후 정치협상회의(5월 23일), 기업좌담회(7월 21일), 정치국상무위원회(8월 5일), 경제사회 전문가 좌담회(8월 24일), 중앙전면 심화 개혁위원회(9월 1일)..

어느 나라나 마찬가지지만 중국에선 특히 최고지도자는 말을 즉흥적으로 하지 않는다. 특정 단어를 반복 언급한다면 그 말의 가치는 격상된다. 사실상 중국 정부 최우선 의제다.

도대체 쌍순환이 뭐길래?

쌍순환. 말 그대로 2개의 순환 고리다. 국제대순환과 국내대순환이다. 경제와 관련이 있다. 국제대순환은 수출 중심의 국제시장, 국내대순환은 내수를 중심으로 하는 국내시장이다.

시 주석은 쌍순환에 대해 뭐라고 말했나. 2020년 9월 1일 발언을 보자. 중앙 전면 심화 개혁위원회 회의 자리다.

"국내와 국제, 쌍순환을 통한 새로운 상호 발전 구조 형성을 촉진해야 한다."

국내와 국제 순환이 모두 발전해야 한다는 말이다. 경제의 두 축인 수출과 내수다. 두 가지 모두 잘해야 하는 건 당연하다. 하나 마나 한 '공자님 말씀' 아닌가.

함의가 있다. 2020년 5월 발언을 보면 안다.

"국내 수요를 만족시키는 것을 발전의 발판으로 삼아 완전한 내수 체계를 구축해야 한다. 국내시장 우위를 이용해 국제 시장의 위험을 없애야 한다."

둘 중에 내수를 먼저 키운단 뜻이다. 웨이링링(魏玲靈) 월스트리트저널(WSJ) 중국전문기자 분석이다. "쌍순환 개념은 1987년 덩샤오핑 시절 이미 수립됐다. 덩샤오핑이 해외시장 공략 및 외국인 투자 유치 등 국제대순환에 초점을 맞췄다면 시진핑 정권은 국내대순환을 통해 내수를 성장 동력으로 삼으려 한다."

중국 내 생각도 비슷하다. 장지창(張繼强) 화타이(華泰)증권연구소 부소장은 "시 주석은 '국내대순환'을 '국제대순환'과 대조되는 개념으로 내세운 것"이라며 "중국 내 공급망을 장악해 해외공급망 의존도를 낮추겠다는 것"이라고 해석한다.

중국이 내수를 키우겠다고 한 건 어제오늘의 일이 아니다. 하지만 미 · 중 갈등이 심해지고 코로나19로 세계가 중국 의존도를 줄이려 하자 내수를 통한 '자력갱생'은 필수가 됐다.

근데 왜 국내대순환이 아닌 쌍순환인가.

국제대순환 없이 국내대순환이 안 돼서다. 쉬린(徐林) 전 국가발전개혁위원회 발전계획국장의 말이다. "중국은 개혁개방을 통해 글로벌 서플라이 체인에 깊숙이 편입돼 완전한 '국내대순환'을 실현할 수 없다. 지도부가 '국내대순환을 위주로 국내외 쌍순환의 상호 촉진 전략'을 내세운 이유가 이것이다."

그럼 국제대순환은? 당연히 업그레이드해야 한다고 생각한다. 내수 확대는 미국 등쌀에 버틸 방패다. 하지만 중국이 미국에 당하는 근본 원인은 첨단 제조기술이 없어서다. 기술을 장악해 세계 무역시장을 주도하는 게 근본 해결책이다. 미 싱크탱크 전략국제연구센터(CSIS)의 앤드류 폴크(Andrew Polk) 선임연구원은 "중국은 내수 성장을 목표로 하지만, 궁극적으로는 탄력적 경제를 구축해 글로벌 공급망에서 우위를 점하는 게 목적"이라고 분석한다.

내수로 단기 처방 체력을 우선 기르고, 궁극적으론 기술 발전으로 국제시장을 주도한다. 쌍순환 전략의 진정한 의미인 셈이다. 시 주석이 "개혁을 통한 단기 대응과 중 · 장기적 발전을 종합한 전략을 추진할 필요가 있다"고 말한 것도 이런 의미가 담겨 있다.

"쌍순환엔 '중국제조 2025' 의지 숨겨 있다"

이렇기에 블룸버그 통신은 "쌍순환 전략엔 '중국제조 2025' 달성 의지가 숨겨 있다"고 해석한다. '중국제조 2025'는 2025년까지 10개 첨단 기술 분야를 집중 육성한다는 정책이다. 미국이 여기에 문제를 제기하고 무역전쟁을 벌이자, 중국은 2018년 이후 공식 문건에서 정책 언급을 자제했다.

쌍순환은 미국 공격에도 굴하지 않고 어떻게든 판을 뒤집으려는 중국의 생각이 집결된 전략인 거다.

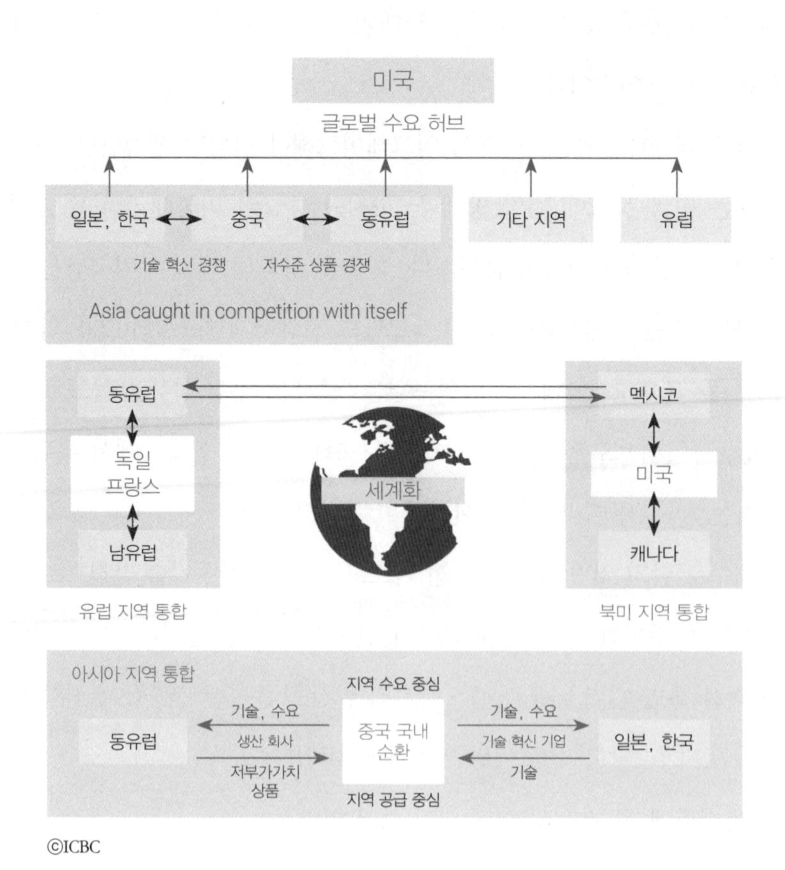

ⓒICBC

구체적 실체는 윤곽을 곧 드러낼 전망이다. 블룸버그는 “중국 지도부는 새 전략을 짤 때 초기엔 이론적이고 모호한 구호를 내세우지만 이를 곧 구체화한다”며 “쌍순환 전략도 내년부터 시작되는 14차 5개년 계획의 핵심이 될 것”이라고 전망했다.

쌍순환은 한국에도 중요한 문제다.

최근 중국 국책은행 공상은행(ICBC)의 자회사 ICBC 인터내셔널이 ‘쌍순환’을 설명하며 공개한 개념도를 보자. 향후 국제대순환 구조는 기존의 미국 1극 체제가 아닌 유럽, 북미, 아시아의 3극 간의 교류로 이어질 거라고 본다. 중요한 건 한국과 일본을 아시아 권역의 일부로 그려놨다는 점이다. 당초엔 미국 시장을 놓고 서로 경쟁하던 한 · 중 · 일이다. 하지만 바뀐 구조에서 한국과 일본은 중국 중심의 아시아 권역 내 구성원일 뿐이다.

중국이 한국과 일본을 자신들의 세력권에 편입시키고, 이를 통해 국내대순환의 확장을 이루려는 생각은 아닐까. 우리가 중국에 아쉽지 않을 기술적 우위를 확보하지 못한다면 이는 현실이 될 수도 있다.

세계 1등 중국의 과학논문, 양만 많고 질은 엉망?

"에이, 넘사벽이에요."

얼마 전 과학기술정책연구원의 백서인 박사가 필자에게 한 말이다. 그는 중국 칭화대학에서 정밀기계학을 전공한 뒤 국내 KAIST에서 석박사 학위(기술경영)를 딴 중국 과학기술 전문가. 지금도 연구원에서 중국의 과학기술 트렌드를 관찰하고 있다.

넘사벽. '넘지 못할 사차원의 벽'의 줄임말로 격차가 큰 압도적 상대를 뜻한다.

누가 그렇다는 건가. 미국과 중국이다. 뭘 넘지 못하나. 과학기술력이다. 한국의 과학기술 경쟁력이 세계에서 어디쯤인지 묻자 백 박사가 "일단 미국과 중국을 제외하면 한국은…."이라고 답했다. 말을 끊고 왜 미국과 중국을 빼고 이야기하냐고 질문하자 "미 · 중은 '넘사벽'"이라는 답이 돌아온 거다.

격차가 너무 커 두 나라와 비교하는 것 자체가 '반칙'이란 뉘앙스였다. 과거 언론에서 국회의원 재산 순위와 평균 재산을 보도할 때 압도적 1위인 정몽준 의원(현 아산재단 이사장)을 제외하고 통계를 냈던 게 생각났다.

좋아. 미국은 알겠다. 그런데 중국이 그 정도라고?

중국이야 항상 스스로가 최고라고 이야기하지. 그대로 믿을 수 있나? 백 박사의 말은 이른바 중국 경사론(傾斜論)에 취한 말 아닌가.

제3국 시선으로 보면 어떨까.

니혼게이자이신문(닛케이)에 따르면 최근 일본 문부과학성 과학기술 · 학술정책연구소는 주목할 만한 통계를 내놨다. 골자는 자연과학 분야의 연구논문 수에서 중국이 미국을 제치고 1위를 했다는 거다.

자세히 살펴보자. 과학기술 · 학술정책연구소는 연도에 따라 논문 수 변동이 커 3년 평균으로 집계했다. 중국의 2017년(2016~2018년 3년 평균) 논문 수는 30만 5927편으로 1위다. 미국(28만 1487편)을 제쳤다.

중요한 건 미 · 중 이외 국가의 성적표다. 논문 수 3위는 독일로 6만 7041편, 4위가 일본(6만 4874편)이다. 중국, 미국과 비교하면 5분의 1 수준이다. 미국과 중국이 '넘사벽' 이란 백 박사의 말이 틀리지 않는다.

원래 중국은 양으로 승부하지 않나.

이런 생각, 들 수 있다. 실제로 중국이 논문 수에서 미국에 앞섰다는 결과는 이전에도 여러 번 나왔다. 그때마다 물량 공세일 뿐 질에서는 미국에 비교가 안 된다는 평가를 받은 적이 많다.

이번 결과는 좀 다르다. 과학기술 · 학술정책연구소는 미국 과학특허 정보 조사 업체인 클래리베이트 애널리틱스(Clarivate Analytics)의 데이터를 바탕으로 분석했다. 닛케이는 "이번 통계는 전문가 동료 평가 등으로 일정한 수준이 있다고 판단되는 학술지에 게재된 논문만을 산출한 것"이라고 전했다. 일정 품질이 되지 않은 논문은 통계에서 뺐다는 거다.

이를 입증할 만한 다른 통계도 있다. 논문 가치는 업계 사람이 가장 잘 안다. 객관적 지표로 보면 피인용 수다. 논문이 얼마나 다른 연구자들에게 인용됐는지를 나타낸 거다. 이번 조사에서 피인용 건수 상위 10%의 주목도 높은 논문 점유율은 2017년 기준 미국이 24.7%로 1위,

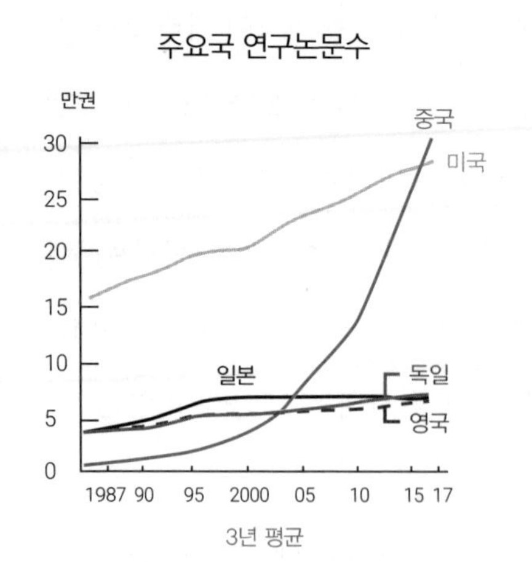

미·중 분야별 논문수 점유율

미국 클래리베이트 애널리틱스 데이터를 바탕으로
일본 문부과학성 과학기술·학술정책연구소가 집계했다.
©닛케이

중국이 22.0%로 바짝 좇고 있다. 미 · 중 양강 체제 수치는 '허수'가 아니었다.

두 나라가 우위를 점하는 분야는 뚜렷하게 나뉜다. 중국은 재료과학, 화학, 공학, 수학에서 높은 점유율을 자랑한다. 미국은 임상의학, 기초생명과학이 높다.

이를 보면 미국과 중국의 과학기술 전선(戰線)도 어렴풋이 짐작된다. 향후 유망 산업 분야인 '바이오'를 선점하기 위해 중국이 의학과 생명과학에 집중 투자할 것이고, 미국은 어떻게든 우위를 중국에 뺏기지 않으려 할 것이다.

중요한 건 우리다.

중국 과학기술 약진의 비결은 국가 차원의 투자다. 닛케이에 따르면 중국의 2018년 연구개발비는 약 58조 엔(약 600조 원)이다. 미국(약 61조 엔)보다 근소하게 적지만, 다른 어느 나라와 비교해도 압도적이다.

열의는 한국도 만만치 않다. 과학기술정보통신부에 따르면 2018년 한국의 과학기술 연구개발비는 약 86조 원이다. 경제협력개발기구(OECD) 국가 중 5위다. 국내총생산(GDP) 대비 투자율로 보면 4.8%로 1위다. 중국도 GDP 대비 투자율은 2020년에야 2.5%를 넘길 생각을 한다.

차이는 뭘까. 핵심은 대학이다. 백 박사는 "한국 과학기술의 큰 취약점은 대학"이라고 꼽았다.

중국은 다르다. 일본 문부과학성 통계를 보면 중국은 대학 투자에 집중한다. 2000년에서 2018년 투자 액수의 증가폭이 10.2배였다. 같은

©중앙포토

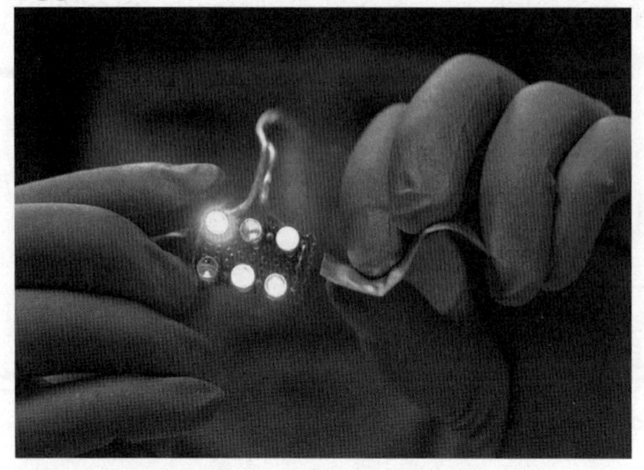

카이스트 EEWS 대학원과 한국표준과학연구원 공동 연구팀이 2015년 개발한 플렉서블 리튬이온 배터리의 모습.

시기 미국은 1.8배에 그쳤다.

그래서일까. 중국에선 한국엔 잘 알려지지 않은 지역의 대학 연구진이 세계적 기술을 발명하는 일이 잦다. 이를 바탕으로 창업해 스타트업으로 성공하는 사례도 많다.

과학에서도 중국의 추격과 미국의 '기득권' 사수 투쟁은 더 치열해질 거다. 트럼프 행정부의 중국 IT 기업 때리기는 그 단초일 수 있다.

그 틈바구니에서 한국이 살려면 미 · 중 모두가 필요로 하는 나만의 '기술'을 가져야 한다. 한국 과학기술 성장은 선택이 아닌 필수다. 이를 위해 바꿀 것이 있으면 바꿔야 한다.

4

중국은 지금

중국 비즈니스 최신 트렌드

중국 디지털, 왜 강한가

센 놈이 온다. 알리바바 계열사 앤트그룹(螞蟻集團)이 주인공이다. 홍콩과 상하이 증시에 동시 상장된단다. 기업가치는 대략 2000억 달러(우리 돈 약 240조 원)로 추산된다. 이 가운데 10~15%만 공개한다고 해도, 역시 역대급이다.

마윈의 또 다른 마법이다. 그는 2014년 9월에도 알리바바를 뉴욕 증시에 상장시키면서 당시 세계 최대 IPO 기록을 갈아치웠다. 그의 현란한 '돈 튀기기 마술'이 다시 시작됐다.

"대체 어떻게 돈을 번 거야?"

이런 질문이 나올 만하다. 답은 심플하다. 고객이 맡긴 돈으로 '돈놀이'를 했다. 과정은 이렇다.

일본에도 진출한 알리페이. 앤트그룹은 알리페이를 시작으로 디지털 결제, 투자, 신용평가 등으로 업무를 확대했다. 일본 한 호텔 카운터에도 알리페이 결제 안내가 등장했다.

소비자는 인터넷에서 물건을 살 때 주문과 동시에 결제를 한다. 그 돈은 한동안 알리페이 수중에 있다. 소비자가 상품을 전달받았다고 'OK'를 클릭해야만 비로소 생산업자에게 돈이 전달되기 때문이다. 그런데 소비자들은 대개 'OK'를 누르지 않는다. 내가 받았으면 그만이지, 굳이 찾아가 클릭할 이유가 없다. 알리페이는 그렇게 2주일 정도를 기다렸다가 생산자에게 돈을 넘겨주게 된다. 그 막대한 돈이 알리페이의 통장에 잠겨 있는 것이다(이건 네이버 쇼핑도 같다).

돈은 시간과 결합하면 '새끼'를 친다. 그걸 이자라고 한다. 그런데 똑똑한 마윈, 이자에 만족할 리 없다. 0% 금리로 확보한 고객 돈으로 '돈놀이'를 한다. 싼값에 대출해 주고, 펀드도 만들고, 아예 인터넷 은행을 만들었다. 거래마다 데이터가 쌓이고, 그 데이터를 바탕으로 신용평가도 한다.

관련 업무를 하는 회사를 모아 2014년 '앤트 파이낸셜 그룹'을 만들었다. 그렇게 세계 최고의 유니콘이 됐고, 세계 최대 IPO 기록을 또 갈아치우려 하고 있다.

"중국 디지털은 왜 그렇게 강한 거야?"

이쯤이면 이런 질문 나올 만하다.

며칠 전 중국 비즈니스 현장에서 뛰고 있는 17명의 젊은 CEO들이 모여 함께 공부하는 시간을 가졌다. 'Real China Talk.' 진짜 중국 얘기 해보자는 취지로 만들어진 모임이다. '중국 디지털은 왜 강한가?'를 놓고 뜨거운 토론이 벌어졌다.

주제 발표자가 말문을 열었다.

"디지털 기술은 어느 단계에 이르면 정비례가 아니라 기하급수적으로 폭발하는 성향이 있습니다. 중국은 그 단계에 도달했다는 느낌을 받습니다. 어마어마한 사이즈와 맞물리면서 말이죠…."

중국 디지털 기술(서비스)은 1+1=2가 아니라 5도 되고, 10도 되고, 100도 되는 시기에 진입했다는 얘기다. 중국 인구가 14억이다. 그런데 알리페이 가입자 수가 대략 9억 명이다. 어지간한 중국 사람들은 다 알리로 결제한다고 보면 된다. 인터넷에서 물건 산 뒤 결제하고, 식당에서 음식을 먹은 뒤 지불하고, 심지어 길거리 걸인들도 QR코드를 보이며 "페이 줍쇼!" 한다.

결제하면 남는 게 있다. 바로 데이터다. 누가 어디에서 뭘 샀고, 어느 연령대 사람들은 뭘 좋아하고, 올여름 수영복은 어떤 형태가 잘 팔리고…. 앤트그룹은 그 막대한 데이터를 모아서 새로운 부가가치를 낳는다. 그 데이터로 은행(마이뱅크), 신용회사(즈마신용)를 만들고, 4차 산업혁명의 꽃이라는 AI도 손댄다. 1+1=2가 아니라 5가 되고, 10이 되고, 100이 되는 이유다.

다시 'Real China Talk' 토론 현장.

"중국은 업계에서 새로운 비즈니스가 나오면 내버려 둡니다. 공무원들은 모르니까요. 체제에 도전하지만 않으면 그냥 하라고 합니다. 규제, 없습니다. 창업 환경이 우리보다 훨씬 자유롭습니다. 훨씬 더 자본주의 스타일입니다."

중국인들의 '돈' 인식은 치열하다. '돈은 귀신으로 하여금 맷돌을 돌리게 한다(钱使鬼推磨)'라는 말이 나올 정도다. 그 돈 인식이 인터넷 혁명과 겹쳐지면서 청년 창업 붐을 낳았다. 돈을 향해 뛰어라(向錢走)!

그때 정부는 어쨌느냐고? 놔뒀다. 새로운 영역, 공무원은 잘 모르는 분야에 억지로 개입하지 않는다. 그게 성공하면 좋고, 아니면 지들 책임이고…. 일단 규제부터 찾는 우리 공무원들과는 다르다.

중국에 '조롱경제'라는 말이 있다. 거대한 새장을 만들어 놓고, 그 새장 속에 기업을 풀어놓는다. 새는 새장에서 훨훨 날아다닌다. 그런데 그 새장, 점점 커지고 있다. 그게 개혁개방의 과정이다. IT분야 벤처기업으로서는 끝을 알 수 없을 정도로 넓어졌다.

'기껏 날아봐야 새장 속 아녀?' 맞다. 민영기업이라도 규모가 커지면 치밀하고도 구조적인 개입이 진행된다. 그러나 이건 기업이 성장한 이후 얘기다. 민간에서 출발한 모든 기업들은 초기에 정부의 간섭을 거의 받지 않았다. 알리바바도 그랬고, 위챗도 그랬고, 샤오미도 그랬다. 그들이 지금 중국 IT 업계를 만들어가고 있다. 그들은 먹어도 그렇게 키워 먹는다.

'Real China Talk'에서는 기업문화도 거론됐다.

"중국 IT 기업은 철저히 실적 중심이다. 실적이 좋으면 연봉보다 많은 보너스를 받고, 쾌속 승진도 한다. 실적 없으면 바로 짤린다. 그러니 고용이 유연하다. 직원은 몸값 높여 다른 직장으로 옮기려 하고, 회사는 잘나간다 싶은 업계 사람을 스카우트하는 관행이 아주 자연스럽다."

중국 IT 기업 직원들은 치열하게 일한다. 토요일 밤 12시에도 직원에게 전화로 업무 지시를 한다. 명령 체계라는 게 무시되기 일쑤다. 일개 사원이 직접 부장이나 전무에게 문자나 메일로 업무 협조 부탁을 한다.

도대체 어떻게 이런 문화가 생겼을까.

실리콘밸리에서 왔다. 중국 인터넷 IT 기업이 태동한 건 1990년대 말에서 2000년대 초다. 당시 실리콘밸리에서 활동하던 중국인 청년들이 대거 귀국해 인터넷 벤처기업을 창업했다. 신랑왕, 소후, 왕이 등 초기 IT 기업이 그들이다.

'중국의 실리콘밸리'로 불리는 베이징 중관춘에 실리콘밸리의 창업 생태계가 복제됐다. '하꼬방' 회사 만들고, VC에 손 벌리고, 기업가치 늘려 투자 늘려 받고, IPO로 챙기고….

그때 함께 들어온 게 있으니 바로 실리콘밸리 문화다. 밤새워 일하고, 실적에 따라 인센티브를 팍팍 주고, 잘나가는 사람 끌어오고, 아이디어가 있으면 자유롭게 의사를 표시하고…. 그게 당연시됐다.

주 52시간 이상 근무를 못하게 하고, 정규직 뽑으면 평생을 책임져야 하는 기업문화로서는 상상도 할 수 없는 일이 지금 중국에서 벌어지

고 있는 것이다.

"중국 디지털은 왜 강한가?"

이 질문에 대한 마지막 대답은 바로 '마윈'이다. 그는 위에서 언급됐던 중국 디지털 환경의 변화를 꿰뚫었고, 무엇을 해야 할지를 알았다. 탁월한 그의 기업가 정신이 알리바바 왕국을 만들었고, 더 나아가 오늘의 중국 인터넷 혁명, 디지털 생태계를 구축했다.

앤트그룹의 상장…. 우리는 또다시 마윈의 현란한 마법을 지켜보고 있다. 그냥 관중석에서 말이다.

코로나19, 중국 비즈니스의 5가지 변화와 10대 기회

"포스트 코로나(Post-Corona)를 준비한다."

중국 우한(武漢)에서 발발한 코로나(COVID-19)는 2020년 한 해 전 세계를 완전히 뒤바꿔 놓았다. 코로나에 대처하며 손실도 컸지만, 그에 따른 맞춤형 비즈니스가 생겨나기도 했다. 전자상거래, 의약품뿐만 아니라 '클라우드 개강(雲開學)' '클라우드 회의(雲會議)' '클라우드 경연(云競演)' 등 '클라우드 경제*'가 새롭게 나타났다. '포스트 코로나', 다시 말해 코로나 이후 경제의 향방과 산업 판도 변화에 미리 대비해야 하는 이유다.

* 대면할 수 없는 상황에서 온라인을 통해 모든 것을 진행하는 방식. 우리나라로 치면 '랜선' 같은 개념

2020년 2월 시장조사기관 IDC 중국은 '코로나 바이러스 감염증이 중국 경제 및 ICT 시장에 미치는 영향에 관한 보고서'를 발표했다. 보고서에서 IDC는 코로나 사태가 중국 사회에 2003년 사스보다 더 큰 타격을 줄 것이지만, 의료건강/정부행정/공공사업/건축/인터넷과 뉴미디어 등 5대 업종은 1조 위안(약 170조 원)에 달하는 비즈니스 기회를 얻게 될 것이라고 관측했다.

IDC 보고서를 바탕으로 코로나 사태가 가져올 중국 거시경제 5대 변화와 10대 ICT 비즈니스 기회를 정리해봤다.

코로나-19가 가져올 거시경제 변화 5

IDC는 코로나 바이러스 감염증이 향후 중국 거시경제에 미칠 영향을 다음의 5가지로 꼽았다.

1. 정부 관리 시스템의 기능화 및 현대화

코로나 발생 이후 중국에서는 정보 은폐, 정부기관의 미진한 대응, 스마트화 부족 등 각종 문제들이 터져 나왔다. IDC는 이번 경험을 통해 중국이 디지털 플랫폼을 만들고 빅데이터를 활용, 정부 관리 시스템을 보다 정확하고 스마트하게 업그레이드하는 계기가 될 것이라고 분석했다.

2. 도시 클러스터와 중심도시의 분산

IDC는 이번 코로나 바이러스 감염증이 순간적으로 폭증하게 된 것은 중국의 '대도시병(大城市病)'과 관련이 있다고 지적했다. 인구가 밀집한 지역이라 확진자 격리가 어렵고, 관리 역시 지체되는 등의 문제에 직면했기 때문이다. 따라서 이후 도시 클러스터와 중심도시를 분산시키는 작업이 대세로 떠오를 것이라고 관측했다.

3. 디지털 헬스(케어) 시스템 발전

중국의 1인당 GDP는 2019년 1만 달러를 돌파했으며, 2020년 기본적으로 샤오캉사회(小康社會, 모든 국민이 풍족하고 편안한 생활을 누리는 사회)를 실현함에 따라 건강과 의료에 대한 관심이 높아지고 있다.

IDC는 이러한 사회 분위기에 코로나 사태까지 겹치면서 헬스케어 산업에 호재로 작용할 것이라고 관측했다. 인프라 부족, 정보 공유 어려움, 데이터 기준 미통일 등 문제가 폭발했기 때문이다. 다시 말해, 코로나 사태가 디지털 헬스 시스템 발전을 가속화하는 촉매제가 될 것이라는 얘기다.

4. 비접촉 연계 비즈니스의 흥행

코로나 바이러스 감염증은 호흡기계통 질환으로서, 공기중 전파가 감염의 주요 경로였다. 따라서 대규모 인원이 모이거나 근거리/밀폐된 공간에서의 접촉을 금지하는 분위기가 조성됐다.

IDC는 앞으로 건강에 대한 관심이 높아짐에 따라 '비접촉 비즈니스'와 관련한 서비스가 연이어 파생될 것이라고 전망했다. 온라인 교육,

무인유통, 신선식품 전자상거래, 원격사무 등이 대표적인 사례다.

5. 중국+1 글로벌 공급 체인 전략 가속화

지난 2010년 중국은 글로벌 1위 제조대국으로 도약했으며, 2019년 중국 제조업이 전세계에서 차지하는 비중은 29%에 달했다. 그러나 인건비 상승과 미중 무역전쟁의 영향으로 수많은 기업들이 제조 기지를 동남아 지역으로 옮겨가는 추세다.

IDC는 이번 코로나 사태로 공장들의 가동이 연기됐고, 다국적 기업들이 이 문제를 해결하기 위해 향후 더욱더 '중국+1' 방식의 글로벌 공급 체인 전략에 박차를 가하게 될 것이라고 관측했다.

코로나 이후 열릴 10대 비즈니스 기회

IDC는 코로나 바이러스 감염증이 1조 위안 규모의 비즈니스 기회를 창출할 것이라고 보고서에서 밝혔다. 앞서 언급한 중국 거시경제의 변화에 따라 향후 가장 빠르게 성장할 5대 ICT분야와 5대 업종은 다음과 같다.

1. 디지털 플랫폼과 빅데이터: 약 30억 달러
2. 신형 스마트 도시 및 산업단지: 약 260억 달러
3. 디지털 헬스 및 인터넷 의료 서비스 등: 약 100억 달러
4. 온라인 강의 및 교육: 약 150억 달러
5. 원격사무 및 온라인 이벤트: 약 6억 달러

6. 5G 응용: 약 50억 달러

7. 무인 거래 및 서비스: 약 50억 달러

8. 신선식품 전자상거래: 약 20억 달러

9. 공급체인 관리: 약 50억 달러

10. 제조 및 서비스 로봇: 약 470억 달러

IDC 중국 부총재(副總裁) 겸 수석 애널리스트 우롄펑(武連峰)은 "1)디지털 기술을 충분히 활용해 원격 업무 능력을 제고시켜야 하며, 2)온라인 제품 및 서비스 마케팅을 활용해 비용을 합리적으로 통제하는 한편 국가의 지원 정책을 충분히 활용해야 하고, 3)사태 수습 이후 비즈니스 기회를 찾아 투자해야 한다"고 기업이 나아갈 방향을 제시했다.

"지금 우리가 할 일은 업무를 정상화하는 한편, 코로나가 지나간 이후 판도 변화를 미리 예측함으로써 향후 찾아올 새로운 기회에 대비하는 것이다." –IDC 부총재 우롄펑(武連峰)–

중국의 '애국 마케팅'

시작은 2001년 말 중국의 WTO 가입이었다. 5억 중국인 노동자가 하루아침에 서방 경제 시스템에 편입됐다. 어마어마한 노동력, 그들은 중국을 '세계공장'으로 만들었다. 수출이 한 해 10%, 심지어 20% 이상 늘기도 했다. '메이드 인 차이나' 제품은 월마트 매대를 점령하기 시작했다.

경제 규모(GDP 기준)가 부풀었다. 2005년 영국과 프랑스를 추월하더니 2007년에는 유럽의 우등생이라는 독일을 제쳤다. 결국 2010년에는 일본을 따돌리고 세계 제2위 경제 대국에 올랐다.

"와우, 중국 최고, 우리가 넘버 투야~!"

중국인들은 환호했다. 신중국 설립(1949년) 이후 가난에 쪼들리던

게 어제 같은데…. 그런 중국이 글로벌 넘버 투에 올랐으니, 뻐길 만하다. 2008년 세계 경제위기 때에는 '중국 사회주의가 미국 자본주의를 구했다'라며 환호했다. 기세등등, 호기가 하늘을 찔렀다.

그걸 정치적으로 이용한 사람이 시진핑이다. 그는 '중국몽'을 정치 슬로건으로 내걸었다. '위대했던 중화민족의 부흥!' 아편전쟁(1840) 이후 억눌렸던 서방 콤플렉스를 떨쳐내자고 외쳤다. 방송 매체들은 실크로드 부흥을 다큐멘터리로 틀었고, '중화(中華)'민족의 찬란했던 역사를 조명했다.

"미국아, 조금만 기다려라, 신중국 설립 100년 되는 2049년 너희들도 밀쳐낼 수 있다."

이런 분위기 속에서 자란 아이들이 있었다. 이름하여 'Z세대'. 1995년부터 2004년에 태어났다. 대학을 막 졸업하고 사회에 나온 초년병들이다.

'00後'라는 구분도 있다. 2000년 이후 태어난 젊은 세대다. 사회 진출을 앞두고 있거나, 막 나왔다. 좀 더 범위를 넓혀 1990년 이후 태어난 '90後'들도 주목할 만하다. 30대 나이, 그들은 사회 입문기를 끝내고 주력으로 등장하고 있다.

이들은 성장의 부유함을 듬뿍 누리며 자란 세대들이다. 학교에서는 '위대한 중국', '중화민족의 부흥' 등을 배웠다. 선생님들은 "공산당 덕택에 중국이 세계 제2위의 경제 대국이 됐다"라고 가르쳤다. 애국주의 사상은 그렇게 주입됐다.

중국 젊은이들이 자유를 찾고, 민주화에 눈을 뜰 것이라고? 턱도 없

중국의 젊은 소비자들은 우리의 예상과 달리 점점 보수화되고 있다.
그들의 소비행태 연구는 우리 기업에게도 시급한 과제다. 광둥성 선전의 한 카페.

는 소리다. 대체로 볼 때 이들이 훨씬 더 보수적이고, 공산당을 찬양한다. 배부르고 등 따뜻하니 정치적 자유를 찾을 것이라고? 노(No), 그들 머릿속 한가운데에는 '인민을 위해 봉사'하는 공산당이 떡하니 자리 잡고 있다. 누군가 그들을 두고 '괴물'이라고 표현한 이유다.

코로나 19가 터졌다. 글로벌 공급망은 망가졌다. '세계의 공장'이 흔들리고 있다. 수출이 확 줄었다. 게다가 미국 트럼프는 '바이러스를 퍼트린 나쁜 xx'라며 무역보복 카드를 또 휘두르고 있다.

그래서 등장한 뚜렷한 흐름이 하나 있다.

"국산품을 씁시다. 중국 제품, 이제 좋아졌습니다. 국산품 애용으로 애국하고, 나라 경제를 살립시다."

지금 중국에는 애국주의 마케팅이 활활 타오르고 있다. 국산품 장려 운동이다. 알리바바, 징둥, 핀둬둬(拼多多) 등 중국 전자상거래 회사들은 '신국산품(新國貨)' 판매 이벤트를 진행하고 있다. 국내 브랜드 판매

기획전 정도로 생각하면 된다.

잘 팔린다. 그냥 잘 팔리는 게 아니라 무진장 팔린다. 한 방송에서 유명 왕훙(인터넷에서 인기 있는 사람, 팔로워가 많은 사람)이 판매한 중국산 머리빗은 2초 만에 1만 3000개가 팔렸다. 핀둬둬가 기획한 '국산 브랜드 대축제'에서는 상품 주문량이 100억 개에 달하기도 했다. 징둥은 아예 중국 중소기업 브랜드를 발굴하는 프로젝트를 진행하기도 한다.

이 애국 마케팅의 주력이 바로 Z세대들이다. 시진핑의 애국주의 교육을 받으며 자라난 바로 그 청년들 말이다. 유통 회사들은 90後, 00後, Z세대들의 머릿속 애국주의를 마구 흔들어대고 있다.

수많은 'Z'들이 주도할 중국 시장은 과연 어떻게 변해갈 것인가?

이 문제는 '한국 브랜드 화장품은 얼마나 오래 중국 시장에서 버틸 수 있을 것인가?'라는 질문과 연결된 것이기도 하다. 우리가 중국의 애국주의 마케팅을 깊게 봐야 할 이유다.

“냉장고 필요 없는 시대를 만들겠다”

최근 중국 부동산 시장에 ‘허취팡(盒區房)’이라는 신조어가 나왔다. 알리바바의 신선식품 전문 매장인 ‘허마셴성(盒馬鮮生)’의 주변에 있는 주택을 뜻한다. 이 지역 아파트 값은 다른 곳보다 비싸다. 허마셴성이 있으면 편하고 싸게 생필품을 살 수 있기에 집값에 프리미엄이 붙는다. 굳이 우리나라 식으로 표현하자면 ‘이마트 주변의 아파트 값이 비싸다’라는 얘기가 된다. 도대체 허마셴성이 뭐길래?

허마셴성은 알리바바가 추진하고 있는 새로운 콘셉트의 유통 패러다임인 ‘신유통(新零售)’이 구현되고 있는 곳이다. 주변의 아파트 값이 비싸다는 건 곧 신유통이 중국인들의 삶을 바꿔가고 있음을 보여준다.

알리바바뿐만 아니다. 또 다른 전자상거래 업체인 징둥(京東, JD닷

베이징의 징둥(京東)본사 1층. 징둥닷컴 류창둥 회장은 알리바바의 마윈과 함께 '신유통 패러다임'을 짜고 있다. 징둥의 세일 행사를 알리는 광고판이 걸려있다.

컴)은 '무경계 소매(無界零售)'라 했고, 텐센트는 '스마트 유통(智慧零售)'이라고 명명했다. 알리바바의 허마셴성, 징둥의 '7프레쉬(7 Fresh)', 텐센트의 차오지우중(超級物種) 등은 이를 구현하는 매장이다. 이들의 활약으로 서로 다른 길을 걸어왔던 온라인과 오프라인은 하나로 뭉쳐지고 있다.

"중국 전자상거래 업계 거두가 만들어가고 있는 새로운 유통 패러다임은 어떻게 짜여지고 있을까?" 베이징 남쪽 이좡(亦莊)에 자리 잡은 '7프레쉬' 취재의 화두였다.

매장 입구에 들어서니 일반 슈퍼마켓과 크게 달라 보이지 않는다. 과일과 야채, 생선 등이 많다는 게 차이라면 차이다. 중국의 다른 일반 슈퍼와는 달리 상품의 배치가 정갈하긴 했다. 직원들은 친절했고, 복장도 깨끗했다. "좀 세련된 슈퍼마켓일 뿐, 다른 게 없잖아?"라는 생각이 얼핏 들었다.

그러나 안으로 들어갈수록 우리나라 이마트와는 많이 달랐다. 우선 가장 큰 차이라고 생각된 건 제품 판매대 곳곳에 붙어 있는 QR코드였다. 갖고 있던 핸드폰으로 QR코드를 찍어보니 바로 '7프레쉬' 앱으로 들어간다. 눈앞에는 오프라인 매장이, 손 안 핸드폰에는 디지털 매장이 펼쳐지고 있다. 온라인과 오프라인은 그렇게 합쳐지고 있었다.

"매장에 와서 직접 물건을 보고 핸드폰으로 주문하는 경우가 많습니다. 제품이 신선한지를 확인하고, 인터넷으로 주문하는 거죠. 앱에서 주문하면 반경 3km 이내에는 무조건 30분 안으로 배달해줍니다. 주문을 하고 집에 가면 물건이 먼저 와 현관 앞에 배달되어 있는 것이죠."

주더후(朱德虎) 점장의 설명이다.

옆에 있던 직원의 발길이 갑자기 빨라진다. 고객으로부터 앱 주문을 받은 것이다. 그는 주문 상황을 확인하고, 매장을 바쁘게 돌며 장바구

©이매진차이나

허마셴성의 수산물 매장. 허마셴성, 7프레쉬 등 중국 주요 도시의 신유통 매장들의 가장 큰 경쟁력은 신선식품에 있다.

니에 주문한 물품을 담는다. 그렇게 만들어진 장바구니는 한곳으로 모아져, 매장 한편 천장에 붙어 있는 레일을 통해 배송센터로 전달된다. 배송센터에서는 물품을 포장해 배송한다. 온라인과 오프라인의 완벽한 통합이다.

가격표도 우리나라 이마트와 달랐다. 모두 '전자 태그'로 되어 있었다. 가격 변화를 중앙에서 관리한다. 수시로 바뀔 수 있다. 간혹 빨강색 가격표도 보인다. 특별 세일 행사하는 건 그렇게 표시된단다. 전자 태그는 LCD 디스플레이 전문업체인 BOE가 제공한 것으로 알려졌다. 유럽 기술을 가져와 현지화했다는 후문이다.

쇼핑센터는 최첨단 IT기술의 집합체였다. 한편에서는 징둥이 개발한 로봇 쇼핑 카트가 시험 운행되고 있었다. 쇼핑 카트가 고객을 따라다닌다. 아직 자유자재로 움직이지는 않았다. 주변의 사람을 피하느라 자주 멈추었다. 실용화되기에는 시간이 더 필요할 듯 보였다. 그러나 '언젠가 소비자를 졸졸 따라다니는 로봇을 만들겠다'는 징둥의 기술개발 의지는 충분히 읽을 수 있다.

무인 계산대도 있다. 징둥페이나 위챗페이로 계산할 수 있다. AI 얼굴 인증도 가능하다. 얼굴 인증 시스템은 필자를 정확히 구별했다. 계산하는 방법은 여러 가지다. 이마트에서처럼 직접 계산대로 가 결제해도 되고, 무인 계산대에서 위챗페이나 징둥페이로 결제할 수도 있다. 필요한 물품을 현장에서 인터넷으로 주문하고 결제해도 된다. 온오프라인 결제의 모든 통로가 다 가능하다.

허마셴성과 7프레쉬의 가장 큰 경쟁력은 신선식품에 있다. 특히 수산물이 풍부하다. 재미있는 건 매장에서 수산물을 사 안쪽에 있는 식당으로 가져가면 그곳에서 요리를 해준다는 점이다. 노량진수산시장과 비슷하다고 생각하면 된다.

징둥이 추구하고 있는 '무경계 유통'의 철학이 궁금했다.

"고객 중에는 시간이 없어 인터넷으로 주문하는 사람도 있고, 직접 나와 물건을 확인해보고 사는 사람도 있을 겁니다. 특히 과일이나 생선 등은 신선도를 꼭 확인해보고 싶어 하지요. 이곳은 두 가지 수요를 모두 만족시킬 수 있습니다. 온라인, 오프라인의 경계를 무너뜨린 거죠. 한 번 와본 사람은 물건이 신선하다는 걸 확인하고, 그다음에는 온라인으로 주문합니다. 온라인 비중이 점점 높아지고 있습니다."

주더후 지점장은 "최고의 제품을 고를 수 있는 징둥의 소싱 능력, 빅데이터를 활용한 수요 예측, AI 기술을 활용한 인증 등 모든 신유통 개념이 구현되고 있는 곳이 바로 7프레쉬"라고 강조했다.

ⓒ조상래

하늘을 나르는 바구니. 신유통 매장의 가장 큰 특징이다. 고객이 주문한 물품을 직원이 레일에 달려 있는 바구니에 담으면 배송센터로 전달된다.

©조상래

허마셴성의 즉석 식당. 수산물 코너에서 식재료를 사 가져다 주면 현장에서 요리를 해준다. 우리의 노량진시장과 비슷하다.

자, 정리해보자. 중국 '모바일혁명'을 주도한 알리바바의 마윈이 '신유통'이라는 콘셉트의 소비 유통 패러다임을 제기한 건 2016년 10월이었다. 콘셉트는 간단하다. 기존의 유통이 생산과 소비를 연결하는 채널 기능에 머물렀다면, 마윈의 신유통은 유통업체가 생산과 소비를 이끌어가는 시장 주도자 역할을 한다.

이제까지 시장 정보를 읽는 건 생산자의 몫이었다. 제조 기업이 시장의 상황을 분석해 생산을 조절했다. 이 과정에서 정보의 단절이 심했다. 공급과잉으로 가격이 폭락하는가 하면, 수요 예측 실패로 가격이 폭등하기도 한다. 생산자들은 언제나 시장 눈치를 봐가며 가격경쟁을 벌여야 했다.

"마윈의 신유통은 기존의 '시장 단절'을 막았다"는 게 인터넷 매체 플래텀을 경영하고 있는 조상래 대표의 설명이다.

"유통업체는 빅데이터 분석을 기반으로 매장 소비자들의 구매 행태를 세밀하게 분석해 그 정보를 생산 업체에 전달하고, 기업은 소비자들이 원하는 양의 상품을 고객 요구에 맞춰 공급한다. 디지털화된 매장에서 소비자의 쇼핑 패턴은 데이터화되고, 이를 기반으로 서비스는 지속적으로 개선된다. 쇼핑은 더 즐거워진다. 기술이 있기에 가능한 일이다. 안정적인 모바일 결제 시스템, 빅데이터, AI 등 제4차 산업혁명의 총아들이 모두 동원된다. 드론, 로봇, 무인창고 등 스마트 물류 시스템이 이를 뒷받침한다. 정보의 엇박자 없이 생산과 소비가 시공의 조화를 이루도록 하겠다는 게 신유통의 핵심이다."

징둥이 2018년 5월 말 현재 베이징에서 영업 중인 '7프레쉬'는 2곳. 징둥은 연말까지 10개, 3~5년 후에는 중국 전역에 1,000개까지 늘릴 계획이다. 알리바바의 허마셴성은 이보다 훨씬 앞서고 있다. 현재 13개 도시에서 47개 허마셴성을 운영하고 있다. 2018년 100개, 3~5년 안에 2,000개로 늘린다는 목표다.

중국에서 왜 유독 신유통이 번져갈까? 여러 요인이 있지만, 젊은 소비자들의 소비 패턴과 무관하지 않다.

허마셴성 이용자의 80%는 80허우(80後, 80년대 출생자), 90허우(90後, 90년대 출생자)이다. 이들은 개혁개방의 혜택을 본 1세대 소비자들이다. 이들이 바로 중국 전자상거래 시장을 선도한다. 허마셴성은 이들의 소비 패턴을 공략한다. 저온 물류망을 구축해 주문한 제품을 그날 모두 먹고, 다음날에는 또 새로운 신선식품을 배송하는 환경을 만드는 게 허마셴성의 목표다. 그런 점에서 허마셴성은 동네에 들어선 재고 창고이기도 하다. 항상 신선식품을 공급해주니 말이다. 마윈은 "각 가정에서 냉장고를 없애겠다"고 기염을 토한다.

허마셴성을 이끌고 있는 사람(CEO)은 허우이(侯毅) 알리바바 부총재다. 그가 2018년 8월 '허마 신유통 관계사 총회'에서 한 말은 우리나라 유통업계에도 많은 걸 시사한다.

"허마셴성이 기존 유통업계와 달랐던 점은 크게 3가지다. 첫째, 소비 관념을 바꿨다. 사람들은 출근을 해야 하기 때문에 매일같이 장을 볼 수 없다. 그래서 보통 일주일에 한 번 정도 마트에 가서 장을 본 뒤 냉장고에 넣어두고 천천히 먹는 식이었다. 이 가운데 1/3은 쓰레기가 됐다. 하지만 허마셴성이 강조하는 것은 '매일 신선한 제품을 사서 먹고, 다 먹으면 내일 다시 사는 것'이다. 소비자들의 구매 데이터가 있기에 공급 조절이 가능하다.

둘째, 보다 편리한 쇼핑 경험을 제공한다. 과거 유통업계의 전략이었던 '동선 관리' 때문에 소비자들은 불편을 겪어야 했다. 간장 한 병을 사려해도 빙빙 돌아야 했다. 하지만 허마셴성에서는 모바일 터치만으로 주문한 상품을 30분 만에 받아볼 수 있다. 매장 또한 원하는 물건을 산 뒤 바로 떠날 수 있는 구조다.

셋째, 보다 효율적인 유통 프로세스를 실현했다. "우리는 회원-상품-공급업체에 이르는 유통체인을 100% 디지털로 관리하고 있다. 이 덕에 고객 맞춤형 서비스를 제공하고 보다 효율적인 내부 운영을 할 수 있다. 운영 효율이 크게 올랐고, 비용은 대폭 낮췄다."

허우이 부총재의 말은 한마디로 유통업체의 역할을 재정립했다는 얘기다. 단순한 공급과 수요의 매개가 아닌, 공급자에게는 개발에 충실해

품질 좋은 상품을 만들 수 있도록 하고, 소비자에게는 최대한 쾌적한 쇼핑 환경을 만들어준 것이다. 이를 가능케 한 것이 바로 빅데이터요, AI였다.

월마트, 까르푸, 마크로 등 중국에 진출한 외국 유통업체는 많다. 중국 IT 거두들이 만들어가는 새로운 유통 패러다임은 이들 외국 업체들을 중국에서 몰아낼 태세다. 이마트는 일찌감치 손을 들고 나왔다. 마윈, 류창둥의 도전은 진행 중이다. 중국뿐만 아니라 세계 소비 패턴을 바꿀 기세다.

플래텀 조상래 대표는 업계 분위기를 이렇게 전한다.

"중국 모바일 결제시장을 주도하는 알리바바, 텐센트는 다양한 형태의 투자 및 인수를 통해 오프라인 마트, 소매업체와 손잡고 신유통 시장을 빠르게 장악해가고 있다. 온라인에서 쌓은 빅데이터를 이용해 스스로 생태계의 중심이 되는 전략을 구사하면서 산업 경계를 허물고 있다."

기업은 앞서거니 뒤서거니 새로운 서비스를 내놓았고, 소비자는 다소간의 불편을 감수하며 이 실험에 기꺼이 참여하고 즐기는 모양새다. 사람의 숫자로 산업 부흥을 이끌었던 중국이 이젠 스마트 기술 국가로 커가고 있다.

코로나 이후엔 '가성비'도 소용없다

"1인당 2개만 살 수 있습니다"

아이폰 이야기다. 애플은 2020년 3월 한 사람이 살 수 있는 아이폰을 기종별 2개로 제한했다. 애플의 최신 스마트폰 아이폰11을 3개째부터는 못 산다는 얘기다. 최근 공개한 아이패드 최신 모델에도 적용했다.

코로나19 때문이다. 물량이 달린다. 애플의 '생산기지' 중국이 멈췄던 영향이다. 코로나19 때문에 공장을 폐쇄했던 중국의 애플 공급사들이 2월 중순부터 생산을 재개하긴 했다. 하지만 "생산 속도가 예상보다 더딘 편"이라는 게 애플 입장이다. 미국 CNBC는 "애플은 2007년에도 비슷한 조치를 했지만, 그땐 아이폰이 비싼 가격에 재판매되는 걸 막기 위한 것"이라고 했다. 그러면서 "제품을 못 만들어 이뤄진 이번 조치는 코로나바이러스가 애플 공급망에 미치는 영향을 보여준다"고 평가했다.

애플은 대체지를 물색 중이다. 미국 월스트리트저널(WSJ)은 "애플은 미·중 무역전쟁으로 어려운 와중에 코로나바이러스로 공급망까지 파괴됐다"며 "애플은 중국 기반의 생산 체계를 바꾸기 위해 중국 인근 동아시아에 대체 생산지를 찾고 있다"고 보도했다.

중국 없이 생산하기

글로벌 기업이 상상하기 어려운 명제다. 특히 제조업에서 그렇다. '세계의 공장' 중국의 힘을 빌리지 않고선 이윤을 내기 어렵다.

이젠 생각해야 한다. 중국 부재가 현실로 다가와서다. 코로나19가 그렇게 만들었다. 2020년 1~2월 중국의 공장은 한마디로 '마비'됐다. 바이러스 확산세가 진정되며 혼란은 어느 정도 풀렸다. 하지만 굳었던 몸이 제 컨디션으로 돌아오려면 멀었다. 공장이 가동돼도 생산량이 예전 같지 않다. 미국의 글로벌 공급망 분석 회사 리스크메서즈는 최근 "중국의 생산력이 서서히 돌아오고 있지만 완전 회복엔 여러 달이 걸릴 것"이라고 전망했다. 기업으로선 당장 생산량을 못 맞추니 애가 탄다. 애플의 사례가 이를 보여준다. 많이 팔아야 더 큰 이윤을 남기는데도 울며 겨자 먹기로 판매를 제한했다.

"중국 모델, 역사상 가장 큰 노동 이익 거래"

첨단 기술만 가지면 지구 반대편에서 싼값에 물건을 만들 수 있는 게

‘글로벌 공급망’이다. 이를 통해 세계적 기업들이 많은 이윤을 남겼다. 중심에 ‘차이나 모델’이 있다. 세계경제포럼(WEF)은 “전통적으로 기업들은 공급망 전략을 세울 때 비용과 품질, 운송을 결정적 요소로 고려해왔다”고 말한다.

중국은 어느 곳보다 이 조건에서 앞선다. 땅은 넓다. 노동력은 저렴하면서도 준수하다. 정부 통제로 사회 안정성도 어느 정도 확보됐다. 글로벌 기업이 앞다퉈 중국을 ‘세계의 공장’으로 만든 이유다. WEF는 “지난 20~30년 동안 중국은 세계 생산의 중심이 됐다”고 전한다.

《중국 무역과 힘(China Trade and Power)》을 쓴 애널리스트 스튜어트 패터슨은 책에서 “애플과 GM 등은 중국의 싼 노동력과 중국 정부의 비호하에 이윤을 취했다”며 “이는 경제 역사상 가장 차익이 큰 노동거래”라고 평가했다. ‘가성비(가격 대비 성능)’ 끝내주는 중국을 이용해 글로벌 기업들이 돈을 벌었다는 것이다.

코로나로 세계화·중국 의존 한계 드러나

효율의 이면에 그에 버금가는 취약성이 있었다. 전염병 등 불가항력의 상황이 발생할 경우다. 코로나19는 세계화의 그늘을 제대로 보여줬다. 수닐 초프라 미국 노스웨스턴대 교수는 “자연재해로 인해 공급이 지장을 받는 상황은 지난 20~25년 사이에 자주 발생해왔다”며 “하지만 이번 코로나19 사태처럼 사람이 일터에 갈 수 없어 공장이 아예 마비된 상황은 처음”이라고 말했다.

코로나19 발호(跋扈)와 함께 시작된 중국발(發) 공급망 붕괴는 다국

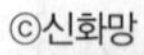

적 기업의 연쇄 가동 중단으로 이어졌다. 전 세계 제조업의 중국 의존도가 최고조에 달한 상황이라 타격은 컸다. 더구나 바이러스 전염은 유럽, 미국으로 번져 공급에 이어 수요도 마비됐다. 하버드비즈니스리뷰(HBR)는 "기업들은 최근 10년간 아이슬란드 화산 폭발, 일본 지진, 태국 홍수와 미국 허리케인 등 많은 재앙을 겪어왔다"며 "그럼에도 코로나19 팬데믹(세계적 대유행)에서 기업들은 자신들이 준비돼 있지 않음을 깨닫고 있다"고 지적했다.

포스트 코로나, '차이나+알파' 전략 부상

그렇다고 중국이 사라질 순 없다. 당장에 중국을 완전히 대체할 곳을 찾기는 불가능하다. WEF는 "글로벌 공급망은 하룻밤 사이에 만들 수 없다"며 "품질, 생산 능력, 비용 수요 변화에 대응할 수 있는 역량을 갖춘 곳을 찾는 데엔 시간과 노력이 필요하다"고 설명한다.

그래도 '중국 올인' 현상은 사라질 확률이 높다. 터키 재무장관을 지낸 브루킹스연구소의 케말 데르비쉬는 뉴욕타임스에 "코로나19로 인한 혼란은 '초집중적' 네트워크에 있다"며 "금융은 미국, 제조업은 중국에 의존하는 등 특정 허브에 집중된 공급 네트워크 시스템이 문제"라고 말했다.

기업은 분산 전략을 취할 것이다. 싱가포르대 비즈니스스쿨의 알렉스 카프리 선임연구원은 "코로나19 사태 이후 대규모 공급망 재구조화가 이뤄질 것이지만 중국을 완전히 포기하긴 어렵다"며 "대신 기업들은 중국+1, 중국+2 또는 중국+3 전략을 쓸 것"이라고 전망했다. 차이나+알파 전략을 통해 리스크를 나눌 것이란 이야기다.

수닐 초프라 교수도 "기업들은 100만 개를 생산하는 공장 하나보다 비용이 조금 더 들어도 50만 개를 생산하는 공장 2개를 가지려 할 것"이라며 "마스크만 해도 예전엔 중국이 가장 좋은 생산지였지만 3월 이후엔 베트남이나 멕시코가 나을 수 있다"고 말했다. 중국을 부분적으로 대체할 '미니 차이나'의 부상이다.

코로나19는 '중국=세계의 공장'이란 공식을 흔들었다. 글로벌 기업은 이제 중국의 대안을 머릿속에 떠올린다. 코로나19 혼란에서 벗어나도 수출 대국 중국의 위상이 예전 같지 않을 수 있다는 얘기다. 중국으로선 '값싼 생산 기지'가 아닌 '기술 보유국'으로의 변신이 더욱 절실해졌다.

게으름뱅이들을 위한 산업이 뜬다

"책 읽기 귀찮아? 들으면 되겠네~."

중국의 오디오북 플랫폼 '란런팅수(懶人聽書)'는 '책에서 두 눈을 해방시켜 세상을 듣는다'는 광고 문구를 내세운다. 시간에 쫓겨 책을 읽지 못하는 현대인을 위해 눈으로 보는 대신 귀로 듣는 책을 선보인다는 발상이다. 이 회사는 5000명이 넘는 성우의 목소리로 7만 개 이상의 오디오 프로그램을 제작했고, 이를 통해 3억 명 이상의 회원을 확보했다.

"집에서 할 수 있는 모든 서비스를 해드립니다."

중국 최대 부동산 애플리케이션 업체 '우바퉁청(58同城)'은 방문 생활 서비스 브랜드 '우바다오자(58到家)'를 운영하고 있다. 회원의 집을 찾아가 집안일은 물론 아이를 봐주고 세차를 해주는 등 가사노동 서비스를 제공한다. 집 수리나 이사를 요청할 수도 있고, 심지어 마사지도 받을 수 있다. 중국 30여 개 도시에 서비스를 제공하는 이 회사의 직원 수는 무려 160만 명. 공격적인 마케팅으로 2000만 가구 이상이 우바다오자의 서비스를 이용한다.

최근 중국에서는 게으름뱅이들을 위한 산업, 이른바 '란런 경제'가 폭발적으로 성장하고 있다. 란런(懶人)은 '게으른 사람'이라는 뜻의 중국말로, 란런 경제란 시간을 아끼기 위해 이용하게 되는 다양한 상품과 서비스를 뜻한다.

란런 경제는 중국이 강점을 보이는 다양한 O2O(Online to Offline, 온라인 연계 오프라인 서비스) 분야에서 확장되고 있다. 음식배달, 마트 배송 등 전통적인 서비스에서 시작해 각양각색의 방문 서비스로 분야가 넓어지고 있는 것이다.

와이마이(外賣)로 불리는 음식배달 서비스는 란런 경제의 핵심 산업

©어러머 홈페이지

이다. 중국호텔협회가 음식배달 서비스 업체인 메이퇀(美團)연구원과 공동으로 발표한 '중국 배달산업 발전보고'에 따르면 2020년 중국 요식업에서 온라인 매출이 차지하는 비율이 20%를 넘어설 것으로 전망된다.

중국의 시장조사업체 아이리서치(iResearch)는 2019년 중국 요식업 배달산업 규모가 6536억 위안(약 112조4700억 원)으로 2018년에 비해 39.3% 증가했다고 밝혔다. 2019년 기준으로 메이퇀, 어러머(餓了麼) 등 음식배달 서비스를 이용하는 고객의 수는 약 4억 6000만 명으로 집계된다. 2019년과 비교해 12.7% 증가했다. 주문량과 거래액 또한 꾸준히 늘고 있다.

신종 코로나바이러스 감염증(코로나19) 사태는 음식배달 산업이 더욱 성장하는 계기가 됐다. 집에 머무는 시간이 길어지며 소비자들에게

중국 e-commerce 플랫폼을 통한 음식 소비 성장 추이(총 거래금액)

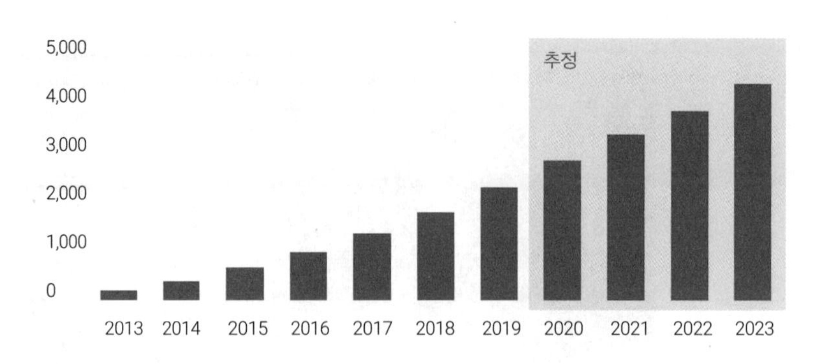

출처: iResearch Report
© FT

배달 서비스가 일상이 됐기 때문이다. 일부 전문가들은 코로나19 사태를 계기로 중국의 요식업 배달산업이 1조 위안이 넘는 규모로 성장할 것이라고 보고 있다.

알리바바가 강조해온 '신유통'도 란런경제의 한 축으로 꼽힌다. 알리바바의 신선식품 전문마트 '허마셴성(盒馬鮮生)'은 빅데이터를 기반으로 소비자의 소비 패턴을 파악해 재고를 관리하고, 반조리식품이나 손질이 완료된 신선식품 등 소비자 편의를 극대화할 수 있는 제품을 다양하게 갖췄다.

온라인 고객에 대해서는 반경 3km까지 하루 한 번 무료로 배송해주고, 결제 후 30분 이내부터 시작해 30분 단위로 배송 시간을 정할 수 있도록 한 것도 소비자들의 큰 호응을 얻고 있다.

허마셴성의 강점은 온라인과 오프라인 매장이 유기적으로 연계돼 있다는 점이다. 오프라인 매장을 함께 운영하며 신선식품을 즉석에서 조리해주고, 온라인으로 판매하는 제품을 직접 눈으로 확인할 수 있도록 했다.

알리바바는 2016년 1월 상하이 진차오점(金橋店)을 시작으로 전국 22개 도시에 170여 개 매장(2019년 10월 기준)을 운영하고 있다. 허마셴성 주변은 부동산 가격이 폭등한다고 해 '허세권'이라는 우스갯소리가 생겨날 정도로 소비자들에게 큰 인기를 끌고 있다.

지금은 회계부정으로 미국 나스닥에서 퇴출됐지만 한때는 스타벅스를 위협했던 중국의 프랜차이즈 커피 전문점 '루이싱 커피'도 란런 경제의 대표 주자로 꼽힌다.

2017년 10월 베이징에서 처음 문을 연 루이싱 커피는 모바일로 주문하면 커피를 갖다 주는 '배달 커피'로 인기를 끌었다. 제조 완료 예상 시간을 제시하고, 친구에게 쿠폰을 공유하면 혜택을 제공하는 방식으로 모바일 바이럴 마케팅에도 적극적이었다.

중국의 란런경제는 1인가구, 그 중에서도 대도시에 사는 젊은 직장인들이 주도하고 있다는 분석이 지배적이다. 대도시가 많은 광둥성 지역의 80~90년대생 소비자들이 그 주축이라는 것이다.

중국의 1인가구 수는 2050년까지 1억3000만 명으로 늘어날 것으로 전망되는 만큼 '란런 경제' 열풍도 롱런할 것이라는 게 전문가들의 시각이다.

코로나가 바꾼 MZ 세대의 소비패턴 3가지

홍콩에서 외국계 기업에 다니고 있는 20대 왕 씨는 요즘 초긴축 생활 중이다. 영국 본사에서 정리해고를 계획하고 있기 때문이다. 원래는 이직을 준비했지만, 경기가 나빠지며 홍콩 내 모든 채용이 연기됐다. 마음이 급해진 왕 씨는 일단 월급이 끊길 것에 대비해 허리띠를 졸라매기 시작했다.

우선 외식부터 줄였다. 전에는 한끼에 100홍콩달러(약 1만6000원)짜리 식사를 하기도 했지만 요즘은 일주일 식비를 500홍콩달러(약 7만9000원) 이하로 유지하고 있다. 노트북과 태블릿PC를 사려던 계획은 잠시 접어뒀다.

코로나19의 여파로 전 세계 소비자들의 생활 습관이 바뀌고 있다.

중국 경제의 새로운 큰손으로 부상한 MZ세대(밀레니얼 · Z세대)의 소비행태도 코로나19를 기점으로 큰 변화를 맞았다.

MZ세대는 1980년대 초반~2000년대 초반 출생한 밀레니얼 세대와 1990년대 중반~2000년대 초반 출생한 Z세대를 통칭하는 말이다. 개혁개방 이후 태어나 풍족한 생활을 누린 '바링허우(80後, 1980년대 출생자)'와 '주링허우(90後, 1990년대 출생자)', '링링허우(00後, 2000년대 출생자)'를 아우른다.

SNS에 익숙한 중국의 MZ세대는 자신의 부를 과시하는 '플렉스(flex)' 문화를 즐기고 고가의 명품을 소비하는 등 유통시장에서 강력한 소비 주체로 떠올랐다. 하지만 이들도 이제껏 경험한 적 없는 팬데믹 상황을 접하며 '가치 중심 소비'에 눈뜨기 시작했다.

이제는 필요한 것만 소비

CCTV 재경채널이 코로나19 이후 실시한 설문에서 MZ세대의 55.8%가 "앞으로 생활필수품만 구매할 계획"이라고 답했다. 또 40.2%는 "품질이 좀 더 나은 제품을 적은 양만 구입하겠다"고 답했다.

중고 거래 수요도 늘었다. 2020년 3월 알리바바 산하 중고품 거래 플랫폼 셴위(閑魚)의 신규 등록상품 수와 신규 회원 수는 전달과 비교해 40%씩 늘었다. 셴위 관계자는 모바일 거래에 익숙한 MZ세대가 중고 제품 구매에 관심을 갖기 시작했기 때문이라고 분석했다. 사용하지 않는 물품을 정리해 매물로 내놓기 때문에 신규 등록상품 수가 증가했고, 알뜰 소비를 원하는 사람이 늘면서 중고품 거래 수요가 급증했다는 설명이다. 코트라 베이징 무역관은 중국 현지 전문가들의 반응을 인용해 2020년 중국의 중고품 거래 규모가 1조 위안까지 성장할 것이라고 전망했다.

건강이 최고

중국의 소비 연구기관 러신(樂信)연구원 조사 결과 공기청정기, 정수기 등 건강 가전과 마스크, 손세정제와 같은 위생용품, 러닝머신과 요가매트 등 가정용 운동기구 매출이 늘었다.

2020년 3월, 중국의 온라인 결제 시스템 알리페이에 따르면 의료 · 건강 서비스 관련 매출이 전년 대비 16배 늘어난 것으로 집계됐다. 의료 · 건강 서비스에 가장 많은 돈을 쓴 이들을 연령별로 분석한 결과 1위는 1995년 이후 태어난 MZ세대였으며, 전체 소비의 40%를 이들이 주도했다. 90년대생인 주링허우(90後)가 27%로 뒤를 이었다.

중국 MZ세대가 건강 관련 소비를 늘린 데는 부모를 위한 '효도 지출'도 포함된다는 것이 전문가들의 분석이다. 코로나19로 가족과 함께 있는 시간이 길어지자 자신을 위한 소비에서 가족을 위한 소비를 늘렸다는 것이다. 또 코로나19 사태로 건강에 대한 관심이 커지며 이와 관련한 소비가 지속적으로 발생할 것이라는 전망도 나오고 있다.

이왕이면 중국산

코로나19가 젊은이들의 '애국소비'에 불을 지폈다는 분석도 나온다. 외국산 해산물 포장지에서 코로나19 바이러스가 검출됐다는 보도 등으로 수입 제품에 대한 우려가 커지며 자국 제품에 대한 선호도가 높아졌다는 것이다.

알리바바 산하 알리연구원은 2020년 1~4월 티몰에서 매출액 1억 위안을 넘긴 매장 500곳 중 318곳이 최근에 새롭게 문을 연 중국 현지 브랜드라고 밝혔다. 징둥닷컴에서도 비슷한 현상이 나타났다. 2020년 1분기 중국산 제품 매출이 급격히 늘었기 때문이다. 중국산 신선식품은 전년 동기 대비 156%, 중국산 컴퓨터 · 노트북은 109% 매출 증가를 기록했다. 징둥닷컴 관계자는 "MZ세대는 유명 브랜드 제품보다 인터넷에서 가성비가 뛰어나다고 알려진 중국산 브랜드 제품을 선호하는 것으로 보인다"고 분석했다.

거옌샤(戈艷霞) 중국사회과학원 연구원은 "코로나19 사태가 MZ세대의 소비경향을 소비지상주의(consumerism)에서 실용주의로 바꿔놨다"고 평가했다.

바뀐 소비패턴이 회복되려면 최소 2년이 걸리며, 아예 '돈 덜 쓰는 습관'이 영구적으로 굳어질 수 있다는 전망도 나온다. 미시건 주립대의 한 연구진은 "코로나19가 과거 흑사병처럼 지역 사회에 잠복해 있다가 재차 유행할 가능성이 제기되고 있다"며 "반복적인 경험이 소비행태에 더 큰 타격을 줄 것이며, 한번 위축된 소비심리는 회복되기 어려울 것"이라고 말했다.

중국 인구가 줄어든다?

인구 증가 속도가 둔화되며 중국 정부가 예상치 못한 장애물에 부딪혔다. 30여 년 전만 해도 상상할 수 없는 일이다. 중국 정부는 1980년 급증하는 인구를 감당하지 못해 한 가정에서 한 자녀만 출산하도록 하는 '계획생육정책'을 통해 인구수를 인위적으로 제한해왔다.

하지만 다른 나라와 마찬가지로 중국에서도 싱글족이 늘고 출산은 커녕 결혼도 기피하는 문화가 생기며 신생아 수의 증가세가 둔화되기 시작됐다. 급기야 지난 2016년 중국 정부는 35년간 진행해왔던 1가구 1자녀 정책을 포기하고 둘째까지 낳을 수 있도록 제도를 완화했지만 실질적 효과를 거두지 못하고 있다.

중국 정부는 산아 제한을 없애고 나면 2018년에는 신생아 수가 2100

만 명으로 늘어날 것이라고 예상했다. 하지만 중국 통계국에 따르면 지난 2018년 태어난 신생아 수는 1523만 명으로 2017년보다 오히려 200만 명 줄어든 것으로 나타났다. 중국인들이 기근으로 생존의 위협을 받던 1961년 이후 가장 낮은 수치다.

인구 감소, 경제 성장 발목 잡나

중국사회과학원은 2029년 중국 인구가 14억4000만 명으로 정점을 찍은 후 점점 줄어들어 2065년에는 1990년대 중반 수준으로 떨어질 것이라고 전망했다. 바야흐로 '인구 역성장 시대'가 찾아온다는 것이다.

이 때문에 산아 제한 정책을 전면 폐지하자는 의견도 나오지만 중국 정부는 단호하다. 중국 관영매체 글로벌타임스에 따르면 2019년 중국 전국인민대표대회에서는 가족계획과 관련한 모든 조항을 삭제하자는 제안이 나왔다. 하지만 중국 국가위생건강위원회는 '현행법에서 가족계획 관련 조항을 당장 삭제하는 것은 적절하지 않다'는 입장을 밝혔다.

인구 감소는 노동력 감소와 고령화라는 필연적 결과를 낳는다.

중국은 다른 나라보다 더 일찍, 더 빠른 속도로 고령화가 진행되고 있다. 1970년만 해도 중국의 중위 연령(총인구를 나이순으로 나열할 때 정중앙에 있는 사람의 나이)은 미국보다 거의 10년이나 젊었다. 그러나 2015년부터는 중국의 중위 연령이 미국의 중위 연령보다 높아진 상태다. 2017년에는 전체 인구 가운데 60세 이상의 비율이 17.4%, 65세 이상은 11.4%에 달했다. 2050년에는 중국 전체 인구 중 65세 이상

인구가 32%에 달할 것이란 추정도 나온다.

반면 노동 인구는 줄고 있다. 2017년 5억4800만명이었던 중국의 18~44세 인구는 2022년 5억1800만명까지 줄어들 전망이다. 게다가 중국의 은퇴 연령은 여성 55세, 남성 60세로 다른 나라에 비해 이르다. 이 속도대로라면 2050년에는 은퇴자 한 명당 실제 일하는 근로자 수는 현재의 절반 수준인 1.3명으로 떨어질 전망이다.

중국 인력자원사회보장부가 각 사업장의 정년을 2045년까지 단계적으로 65세까지 연장하는 데 나선 것도 그 때문이다. 하지만 이는 청년 일자리 감소를 가져올 수 있다는 점에서 또 다른 시한폭탄이 될 수 있다는 지적도 나온다.

결국 근본적인 해결책은 출산율을 높여 노동인구를 늘리는 것이다. 중앙 정부뿐 아니라 각급 성에서도 보조금을 지급하는 등 출산을 장려하기 위해 고민하고 있지만 뾰족한 수는 보이지 않는다.

"중국은 인구도 많고 나라도 크다"고 말했던 마오쩌둥도 이런 미래는 전혀 예상하지 못했을 것이다. 13억 인구를 바탕으로 지금껏 성장해 온 중국이 '인구 절벽'의 위기를 어떻게 극복할지 궁금해진다.

중국 20대
저축할 여력 없다?

중국의 주력 소비층은 중산층과 20대다.

특히 20대의 경우 외지에서 생활하는 1인가구가 주도하고 있다. 개개인의 개성을 반영하는 소비활동이 특징이고, 중소도시에서 폭발적인 소비행태로 나타난다. 질적 변화를 일으키는 중국 내수시장의 주요 관전 포인트 가운데 하나다.

최근 중국의 상하이증권보가 90년대생(20~29세)의 주요 소비행태를 분석했다. 대도시와 중소도시의 20대 남녀 500명을 대상으로 심층면접 방식으로 이들의 소비성향을 조사했다. 질문은 간단하다. '90년대생은 어디에 돈을 쓰는가.'

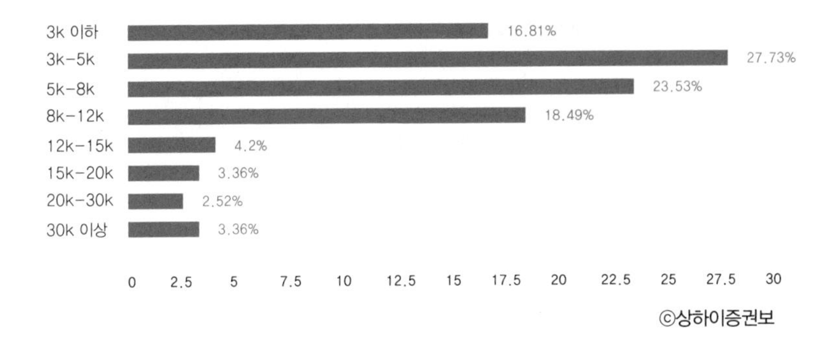

우선 수입이다. 위 그래프를 보자.

월 수입 3000~5000 위안대가 가장 많은 비율을 차지하고 있다. 5000~8000 위안, 8000~1만2000 위안대의 수입을 올리는 사례도 적잖았다. 크게 보면 20대의 80%가 12000위안 이하 수입대에 집중돼 있다.

월 수입이 이 정도 되면 구매력은 얼마나 될까. 참고 삼아 6~7년 전 중앙일보 베이징 총국의 80년대생 JTBC 카메라 스태프의 월 수입과 비교해본다. 당시 이 스태프의 실수령액은 4500~5000 위안이었다. 회사에서 부담하는 4대보험이 실수령액의 약 50~60%를 차지한다. 스태프마다 월 수입의 20% 가량을 보험료로 내야 한다. 따라서 월 구매력은 3600~4000 위안이었다. 이 직원은 이 돈으로 1인룸 임대료를 내고 생활했다. 문화생활이라면 당시 시장에 풀리기 시작한 저가의 샤오미 스마트폰으로 모바일 게임 또는 무료 방송 프로를 보는 정도였던 것으로 기억된다.

이 직원이 같은 자리에서 계속 근무했다면 매년 10% 안팎씩 오른 중

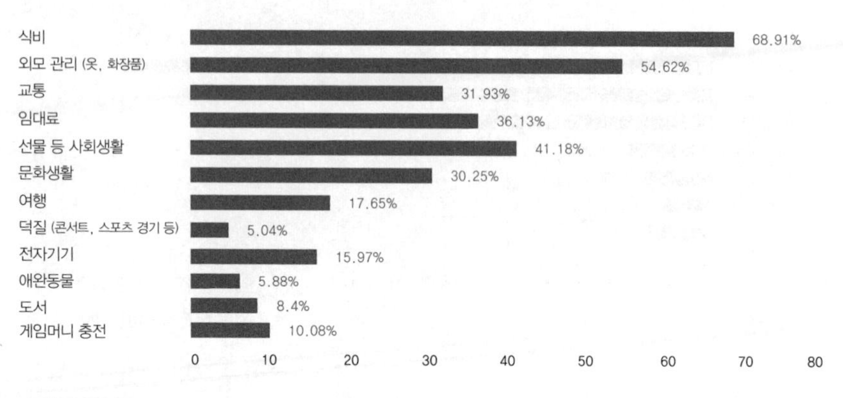

ⓒ상하이증권보

국 노동 임금 상승률을 감안해 현재 월 수입은 8000~1만2000 위안대에 속할 것으로 추산된다. 20대의 중상위권을 점하는 수입이다. 요즘 20대의 소비 풍경은 어떨까. 상하이증권보를 따라가 본다.

우선 가장 많은 소비처는 식도락이었다. 상하이증권보는 70년대생과 80년대생에 비해 90년대생의 엥겔지수가 특히 높다고 지적했다.

다음은 외모와 관련된 스타일 관리에 쓰는 비용이었고 임대료, 사교활동, 교통비 순이었다.

표면적으론 80년생과 크게 다른 점이 눈에 띄지 않는다. 하지만 심층면접 내용을 접하면 90년대생의 소비성향은 뚜렷하게 분화되고 있음을 알 수 있다. 자, 그럼 요즘 중국의 90년대생들이 의식주 외에 어디에 돈을 쓰고 있는지 알아보자.

첫째, 다종다기한 문화 콘텐츠 상품과 서비스 소비다.

음악, 영화 · 각종 소프트웨어 다운로드 · 클라우드 서비스 · 유료 지식강좌 등의 서비스를 모바일 쇼핑을 통해 집에서 즐긴다. 디지털 경제와 결합된 전형적인 개인주의적 소비행태다.

둘째, 애완동물 생활비다.

상하이의 '차도녀' 황리샤의 사례다. 그녀의 휴일 일상은 한국의 여느 20대 반려동물 애호가의 생활과 크게 다르지 않다. 고양이를 씻기고 먹이는 한편 어디가 아플라치면 동물병원으로 직행한다. 병원을 나서면 반려동물 용품점에 들른다. 그녀의 쇼핑 영수증을 보자. 캣타워 1500 위안, 수입산 고양이 사료 280 위안, 두부모래(두부비지를 재활용한 모래로, 배설물 흡수에 효과) 40 위안…. 예전 같으면 은퇴자 등 연금생활자들의 취미 생활이었던 애완동물 기르기가 요즘은 대도시의 1인가구에서 흔히 볼 수 있는 풍경이 됐다.

셋째, 아이돌 굿즈 소비다.

자신이 좋아하는 아이돌 가수의 음원 파일을 비롯해 책, 그들이 소비하는 상품과 서비스에 대한 모방 구매 등에 돈을 쓴다. 기획사에선 스

©상하이증권보

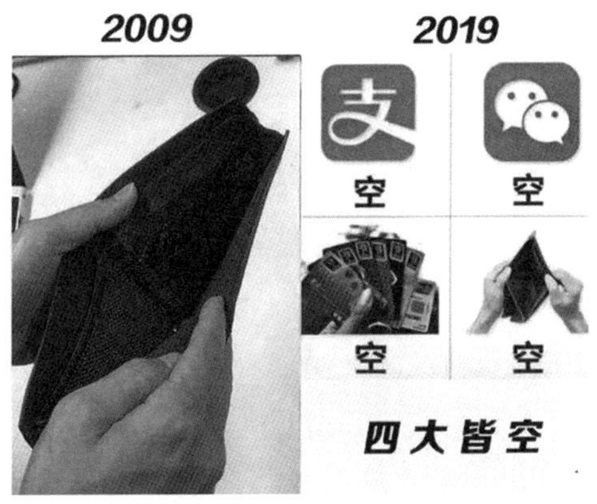

타들의 사진이 들어 있는 티셔츠, 사인이 들어 있는 사진과 달력, 양말, 모자, 스타의 캐릭터가 들어있는 에코백, 노트 등 아이돌 굿즈를 제작해 이들의 소비심리를 자극한다.

넷째, 축의금이다.

중국의 20대들은 축의금 봉투에 얼마나 넣을까. 상하이증권보 표현에 따르면 2000위안은 기본만 한 것이고 3000위안은 베이스를 깔았고, 5000위안이면 형제, 1만 위안은 진정한 친구라고 한다. 심층면접에 응한 20대 여성 미미의 경우는 어떨까. 그녀는 기본 1500위안을 넣고, 친한 친구인 경우 배를 넣는다. 친척일 경우엔 월급의 반인 3000위안도 아끼지 않는다고 한다.

여기서 드는 궁금증 하나. 중국의 90년대생은 버는 족족 다 쓰고 사는 걸까. 저축은 안 하는 걸까. 아래 그래프를 보자. 조사 대상의 30.25%가 월 수입 전액을 쓰는 이른바 월광족(月光族)이다. 수입의 10% 이하를 저축하는 이들은 20.17%였다.

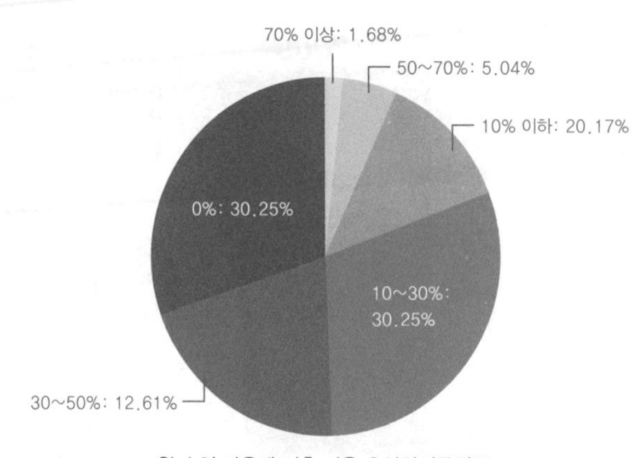

월 수입 가운데 저축 비율 ©상하이증권보

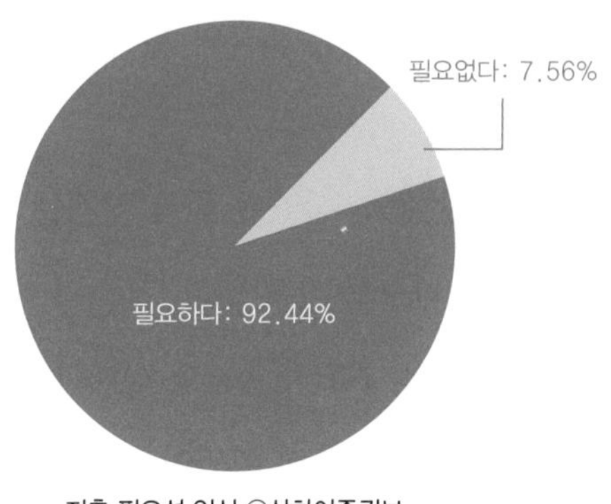

저축 필요성 인식 ©상하이증권보

저축에 대한 인식이 없는 걸까? 그렇지 않다. 이들도 저축의 필요성에 크게 공감한다.

저축의 필요성은 인정하지만 조사 대상의 절반 이상이 수입의 대부분을 쓰고 있는 것이다. 가장 큰 이유는 저축할 여력이 없을 뿐 아니라 재테크를 꿈꾸기엔 현실과의 괴리가 크기 때문이다. 부동산 가격 폭등으로 빈부격차는 더 벌이지고 있고, 부유층이나 중산층은 부동산에 투자해 시세 차익을 즐기고 있지만, 중국의 대다수 인민에게 부동산 투자는 '그림의 떡'이다.

중국 1선 도시에선 부동산 가격이 치솟으면서 2018년 기준 가처분 소득 대비 주택가격(PIR)이 베이징은 48.1배, 상하이는 42.8배, 선전은 40.3배에 이른다. 한 푼도 안 쓰고 40년을 벌어야 집 한칸 마련이 가능한 처지다. 박탈감에 빠진 이들은 소비를 도피처로 삼고, 막차라도 타야겠다고 결심한 이들은 빚을 얻어 아파트를 사고 평생을 '아파트 노예'로 살아야 한다. 이래저래 저축은 꿈도 못 꾸는 형편이긴 마찬가지다.

소비성향이 세분화되고 있는 중국의 20대는 앞으로 중국 내수시장의 주력 소비자군이 될 것이다.

투자와 수출을 성장 동력 삼았던 중국 경제는 이제 기존 동력이 식어가면서 내수에서 돌파구를 찾고 있다. 우리의 대중 수출은 반도체 등 중간재 수출 비중이 높은 구조적 불균형 상태다. 문제는 중국 내수시장이 빠르게 팽창하고 있지만 우리 기업이 들어가 수익을 챙기기가 녹록치 않다는 것이다. 중국에서 고투하고 있는 한국 상공인들은 중국 내수업체들의 경쟁력이 향상되고 있고 수입산에 대한 문턱이 여전히 높아 리스크에 비해 수익성이 높지 않다는 딜레마를 토로한다.

중국 20대 주력소비층의 분화는 중국의 소비재 업체들이 성장할 수 있는 토양을 제공한다. 지금은 해외 기술을 베껴 원가를 낮춘 전자제품이 자국 시장 점유율을 높이며 해외 브랜드를 시장에서 밀어내고 있지만 범위를 의류 · 문화콘텐츠 등으로 넓혀가고 있다. 걱정스러운 것은 이러다 중국 시장을 평정하고 가격경쟁력을 앞세운 그럭저럭 쓸만한 중국의 소비재들이 우리 시장에 밀려 들어올 때 우리 제품이 얼마나 시장을 방어할 수 있을 것이냐다. 갈수록 중국의 소비 시장 동향에 촉각을 세우지 않을 수 없게 됐다.

차이나 브리핑

부모 울리는 '신형 불효'

최근 중국에서는 '신형 불효(新型不孝)'라는 단어가 매스컴을 통해 자주 언급된다. 이 신조어는 중국 가정을 너머 사회적 화두로 떠오르고 있다.

1. 손주 돌봄 당연시, 육아 관련 의견 묵살

조부모가 손주를 맡아 돌보는 경우에도 '신형 불효'는 이어진다. 육아관 차이에서 발생하는 갈등 때문이다. 현지 매체들은 조부모의 육아에 대한 의견을 무시하고 묵살하는 태도 역시 문제라고 지적한다.

세대 차이에서 오는 생각의 차이는 당연히 있을 수 있지만, 조부모의 의견을 싫어하고 비난하는 사례가 종종 발생한다. 육아를 자진해 돕는 수고는 뒤로하고, 육아 방식이 만족스럽지 않다고 불만을 표하는 자녀에게 서운함을 느낀다는 것이다.

2. 양로를 가장한 경제적 의존

2019년 인기리에 종영한 드라마 〈더우팅하오(都挺好)〉에 등장한 둘째 아들 부부가 전형적인 사례다. 늘 부모 옆에 붙어서 안부를 살피지만, 부모를 모시는 데 자신의 시간을 '소모'한다는 이유로 부모에게 경제적인 '보상'을 받기를 바란다.

중국 모 프로그램에서 젊은이 2000명을 대상으로 인터뷰를 진행한 결과, 70%가 주변에서 이 같은 상황이 발생하고 있다고 답했다. 그만큼 중국 사회에 만연한 실태임을 알 수 있다.

3. 용돈만 보내면 효도 끝

용돈만 송금하면 자녀의 의무를 다하는 것이라고 생각하며, 일절 부모의 집을 방문하지는 않는 자녀다. 이 유형은 도시에 나와 성공한 농촌 출신 자녀 가운데 물리적 거리가 떨어져 있는 경우가 많다.

그밖에 자녀들이 부모를 '분리 부양'하는 사례도 있다. '공평한 효도'를 위해 아버지는 첫째가, 어머니는 둘째가 분리해 부양하는 방식이다. 부모의 사생활이나 노년의 삶에 지나치게 간섭하는 자녀 유형도 '신종 불효'에 속한다.

사실 이 같은 현상은 중국에만 해당하는 일은 아니다. 우리나라뿐만 아니라 같은 동양 문화권에서 비슷한 상황이 발생하고 있다. 우리나라에서도 맞벌이 부부에게 자녀양육 문제는 가장 시급한 과제이자 고민거리다. 조부모는 제일 안심하고 아이를 맡길 수 있는 선택지로 꼽힌다. 이 같은 선택에는 경제적인 현실도 함께 얽혀 있다.

가짜 약에 시름하던 중국, 항암제 개발은 한국 추월?

2020년 6월 18일, 중국 업체가 독자 개발한 항암제가 유럽의약청(EMA) 판매 승인을 받았다는 소식이 전해졌다. 이 신약은 앞서 2019년 11월 중국 최초로 미국 식품의약국(FDA)의 승인을 받으며 화제를 모았던 주인공이다. 2019년 미국, 올해 6월 중국 및 유럽 판매 허가를 받은 데 이어 아시아, 중동 등 글로벌 시장 진출에 분주한 움직임을 보이고 있다.

가짜 약으로 시름하던 중국이 최근 신약 개발 분야에서 괄목할 만한 성과를 거두고 있다. 모방약 일색이던 시기를 지나 자체 개발한 신약으로 중국을 넘어 글로벌 시장의 문을 두드리고 있다. 과거 다른 나라의 신약 기술을 사가던 중국이, 이제 반대로 자국의 신약 라이선스를 해외로 수출하는 사례가 생겨나기 시작했다.

2020년 6월 3일, 중국 국가약품감독관리국(國家藥品監督管理局)은 자국산 신약이 판매 승인을 통과했다고 발표했다. 바이오제약사 바이지선저우(百濟神州 BeiGene)가 개발한 항암제 브루킨사(Brukinsa)다.

바이지선저우는 앞서 2019년 11월 15일 미국 FDA로부터 자체 개발 항암제 브루킨사*의 허가 승인을 받았다. 일주일 뒤, 이 치료제는 미국에서 판매를 개시했다.

국내외 보도에 따르면, 이는 중국 업체가 독자 개발한 항암제(모방약 제외)가 FDA 승인을 받은 첫 사례로, 우리나라 업체들보다 먼저 이룬 성과다.

현재 글로벌 시장에 출시된 BTK억제제**는 많지 않다. 바이지선저우의 브루킨사 외에 글로벌 혈액암 치료 분야에는 해외 글로벌 제약사가 개발한 치료제 임브루비카(ibrutinib), 칼퀀스(acalabrutinib)정도뿐이다.

브루킨사는 B세포 림프종 환자를 대상으로 한 임상 실험을 진행한 결과, 전체 환자들의 반응률(ORR)은 84%였으며, 59%는 종양이 완전히 소실되는 완전관해(CR)를 보였다.

중국 매체 39젠캉왕(39健康網)은 "브루킨사가 기존 치료제에 비해 가격경쟁력이 높다"고 분석했다.

중국 내 최초 승인을 받은 BTK억제제 임브루비카의 경우, 출시 후

* FDA는 BTK억제제 브루킨사(Brukinsa)를 외투세포림프종 치료제로 승인함. 성분명은 자누브루티닙(zanubrutinib)

** B세포의 활성화에 기여하는 효소를 억제하는 약물로, 자가면역질환 또는 혈액암 치료제로 개발됨.

매년 매출액이 증가해 2018년 연간 매출액은 62억 달러(약 7조 2920억 원)에 달했다. 현재 이 약을 쓰는 미국 환자는 매달 1만6787달러, 중국 환자들은 매월 2만2680위안을 지불한다. 39젠캉왕은 "브루킨사의 경우 좀 더 저렴한 1만2935달러(1개월)로, 임브루비카에 비해 약 23% 저렴하다"고 보도했다.

바이지선저우는 브루킨사의 보급에 적극적으로 나서고 있다. 2019년 미국, 얼마 전 중국 및 유럽의약청(EMA)의 승인을 받은 데 이어 이스라엘에도 판매 승인 신청을 했다. 우리나라도 예외는 아니다. 브루킨사는 한국 식약처로부터 '희귀약' 자격을 취득했다.

신약 개발로 글로벌 시장의 문을 두드리는 중국 바이오 업체는 바이지선저우에 그치지 않는다. 항암제를 만드는 중국 제약사 가운데 헝루이의약(恒瑞醫藥) 한썬제약(翰森制藥) 쥔스바이오(君實生物) 등을 눈여겨볼 필요가 있다. 이들은 글로벌 신약 개발 트렌드인 면역 항암제 부문에서 글로벌 수준의 신약 개발 능력을 갖췄다는 평가를 받는다.

시장조사기관 이어우즈쿠(亿歐智庫)에 따르면, 2020년 2월 기준 중국 바이오제약 분야 상장사 15곳의 파이프라인(신약 후보 물질) 보유량이 100여 개에 달하는 것으로 집계됐다. 향후 출시 예정인 신약 수가 적지 않음을 미루어 짐작할 수 있다.

중국 바이오제약 기업에 대한 자본시장의 평가도 긍정적이다. 2020년 6월 5일 나스닥에 입성한 촨치바이오(傳奇生物 Legend Biotech)는 상장 당일 주가가 약 60% 상승하며 바이오 기업으로는 올해 나스닥 최대 규모 기업공개(IPO) 기록을 세웠다.

상하이 증시 헝루이의약은 2020년 들어 주가가 우상향 곡선을 그렸다. 2020년 6월 22일에는 주가가 사상 최고점을 경신하며 시가총액이 5000억 위안(약 85조7900억 원)을 돌파했다. 나스닥과 홍콩에 동시 상장된 바이지선저우(BGNE)의 주가도 상승세를 타고 있다.

중국 바이오 제약 업계가 이처럼 빠른 성장을 보일 수 있었던 원인에는 정부 당국의 지원을 빼놓을 수 없다. 중국 정부는 바이오 제약 산업을 미래 핵심 산업으로 꼽으며 적극 육성하고 있으며, 기업들은 막대한 자금을 투입해 신약 개발에 나서고 있다.

그밖에, 중국 업체들이 임상 단계에서의 경쟁력을 확보한 점도 간과할 수 없다. 임상 비용을 줄이고 효율화함에 따라 중국 업체의 신약 개발이 전보다 탄력을 받고 있다고 업계에서는 분석한다.

물론 연구개발과 투자만이 능사는 아니다. 신약 개발에 천문학적인 비용을 쏟아붓느라 적자를 면치 못하는 중국 업체들이 상당수이며, 신약 개발에 성공하지 못하고 도산하는 경우도 부지기수다. 가짜 약 제조 및 거래가 빈번히 일어날 수밖에 없는 의료 시스템 개혁에 대한 목소리도 꾸준히 제기되고 있다.

2010년대 초중반만 하더라도 많은 중국 제약사가 한국에서 신약 라이선스를 사갔다. 그러나 이제 반대의 사례가 종종 발생하고 있으며, 임상 진척 속도가 한국보다 빠른 부문도 생겨났다. 더 이상 중국이 한국보다 뒤처져 있다고 안심할 수만은 없는 때가 왔다. 이번 바이지선저우의 항암제 신약 출시는 중국 바이오제약 산업의 성장을 보여주는 축소판인 셈이다.

중국 반도체,
너무 일찍 고개 쳐들었나?

중국의 반도체 굴기의 현주소는 어디쯤일까.

화웨이는 2019년 1월초 7나노미터 64비트 CPU 최신 버전을 내놨다. 쿤펑 920으로 명명된 이 칩은 화웨이가 반도체 수입 의존을 줄이기 위해 2004년 설립한 하이실리콘이 디자인했다. 데이터센터용이라는 점에서 고성능이지만 전력 소비는 크게 줄인 제품이라고 화웨이는 자랑했다.

이에 대한 파이낸셜타임스(FT)의 진단은 냉정했다. 22일 자 보도를 보자.

"화웨이의 새 반도체는 이전에 출시한 스마트폰용 칩과 마찬가지로 중국 내수용으로 설계된 것이다. 대만에서 제조되는 반도체들과는 기술적 격차가 여전히 크다.”

미국 컨설팅 업체 테크서치인터내셔널의 E. 잰 바더만 사장은 “중국 파운드리(반도체 수탁생산) 업체가 삼성전자나 대만 TSMC와 자웅을 겨루려면 오랜 시간이 걸릴 것”이라고 말했다.

요컨대 중국이 자랑했던 반도체 신제품은 기술 축적이라는 점에서 의미가 없는 것은 아니지만, 해외 선도 업체와는 기술 격차가 상당하다는 것이다. 중국은 다급하다. 이유가 있다.

중국은 원유보다 반도체를 더 많이 수입한다. 아래 그래프를 보자. 2014년 원유(적색선)와 반도체(회색선) 수입 역전이 일어난 뒤 격차가 계속 벌어지고 있다. 중국의 연간 반도체 수입액은 2601억 달러(약 292조 원, 2017년)에 달한다. 반도체 수입액이 이미 원유수입액(1623억 달러)을 넘어섰다. 중국은 애플 아이폰을 비롯해 스마트폰 · 노트북 · 텔

반도체, 중국 수입 1위로 부상

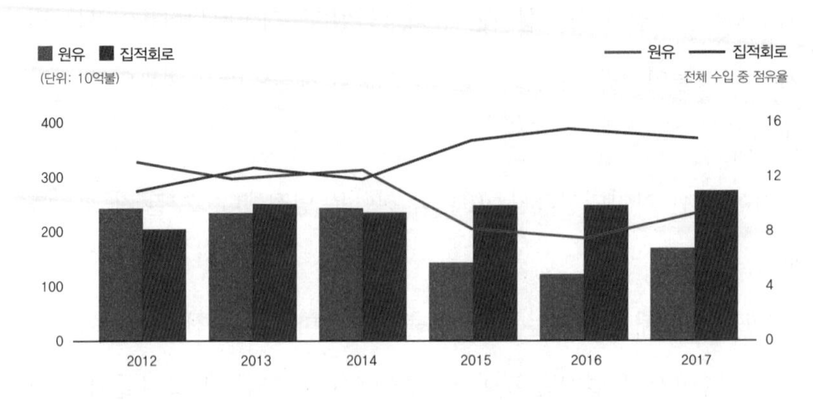

©니케이 아시안 리뷰

레비전 · 냉장고 · CCTV · 드론 등 거의 모든 종류의 전자제품을 생산하는 세계의 공장이다. 중국의 전자정보제품의 시장 규모는 14조 위안(약 2280조 원). 지난 20년간 연평균 성장률이 15%를 넘는다. 계속 크는 공장이다.

이처럼 거대한 공장에서 정품이든 위조품이든 제품마다 한 개 이상의 반도체가 들어간다는 점에서 중국의 반도체 수요는 상상을 초월한다. 이렇게 큰 수요를 해외 수입에 마냥 의존할 수는 없다는 게 중국 정부의 현실 인식이다.

중국은 반도체 수입 의존을 줄이기 위해 설계 · 제조 · 테스트 · 패키징 전 분야에서 2025~2030년 글로벌 수위권으로 도약하겠다는 목표를 세우고 적극적으로 산업 육성에 나서고 있다.

반도체 국산화 노정에서 거대한 내수시장과 중국 공산당 독재체제의 자원 배분 결정권과 선택과 집중에 따른 지원책은 중국의 반도체 굴기의 성패에서 중대 변수다. 중국에서 반도체 부품을 공급하는 한 딜러가 전해준 얘기다.

"품질이 조금 떨어지는 제품이 있다. 물론 중국산이다. 정부가 직간접적인 수단을 통해 전자기기에 중국산 반도체를 탑재하도록 압력을 행사한다."

반도체 산업 육성에 팔을 걷어붙인 정부가 나서 판로를 개척해주면 중국의 반도체 관련 업체들은 중국 시장에서 성능 평가를 받으면서 개량할 수 있는 기회를 얻는다는 얘기다. 즉, 정부가 앞장서 자국의 후발 업체들이 시장 평균 이상으로 따라잡을 수 있도록 시간을 벌어주고 있는 것이다. 중국이 자국의 LCD와 2차전지 산업을 육성할 때도 이렇게 판로를 열어주고 선진 업체들의 발목을 붙잡아주며 자국 업체에 추격의 시간을 안겨줬다.

물론 반도체는 LCD · 2차전지와 다르다. 공정이 상당히 표준화돼 있고, 좋은 장비를 갖추면 최고 수준까지 도약이 가능한 LCD와 차원이 다르다는 게 업계의 평가다. 정부의 지원금과 정책 지원, 국유은행들이 동원된 자금 살포 등 공격적 투자만으로는 글로벌 선두권으로 뛰어오르기가 쉽지 않다는 말이다.

중국 1위 파운드리업체 SMIC가 보유한 최첨단 반도체는 올해 양산을 위해 한창 시험 중인 14나노미터 칩이다. 낸드플래시, D램 등 메모리 반도체(저장 기능이 있는 반도체) 분야에서 글로벌 1인자 삼성전자는 이미 2014년에 이 단계에 도달했다. 현재 기술 격차가 이렇게 크다.

특히 반도체를 직접 제조하는 전공정 분야와 한국 업체가 과점을 형성하고 있는 메모리 반도체 분야에선 벽이 높다. 중국은 반도체를 다른 회로들과 함께 묶는 '패키징'과 성능 테스트를 하는 후공정 분야에선 낮은 인건비를 앞세워 강력한 경쟁력을 구축했다. 설계 분야에서도 자금력을 앞세워 실적을 쌓아왔다.

취약 분야인 메모리 반도체 부문을 공략하는 무기는 역시 천문학적 자금력이다. 중국은 민관이 조직적으로 힘을 결집시켜 초대형 반도체 펀드(국가 시스템반도체산업 투자기금 주식유한공사)를 구성했다. 펀드 운용사는 중국 재정부를 비롯한 민관기관이다. 출자 목표만 160조원에 달한다.

이 자금력은 어떻게 힘을 드러낼까.

가성비는 떨어지더라도 정부가 지원금을 대주면서 쓰도록 장려한다면 이를 마다할 중국 기업은 찾기 힘들 것이다. 중국이 역점 산업을 육성하는 공식이다. 해외 선진기업이 중국 시장을 휘젓고 다니지 못하도록 정부가 곳곳에 규제를 걸어 자국 기업이 클 때까지 시간을 벌어주는 한편 지원금을 대줘 기업이 포기하지 않고 기술 개발에 집중해 결국 시장에 안착하도록 보호막을 쳐주는 것이다.

이 공식이 반도체에서도 통할까. 논란이 있다.

공정기술은 하루 아침에 쌓이는 게 아니고 수많은 시행착오 끝에 도출해낸 노하우의 총합이라는 것이다. 초고가 장비를 사서 각고의 노력을 기울이면 단기간에 일정한 성과가 나오는 분야가 아니라는 주장이다. 서울경제신문이 17일 반도체 기술 흡수가 어려운 현실을 짚었는데, 그 내용 중 일부를 소개한다.

"최근 공정이 첨단화 · 세밀화되면서 엔지니어를 스카우트해도 공정 카피율이 삼성이 미국 · 일본을 따라잡을 당시(1980년대말)와 비교하면 절반도 안 된다… 막대한 투자 비용, 저조한 수율, 약세장 진입에 따른 경영난, 선두업체의 초격차 전략 등을 감안하면 중국의 역전은 쉽지 않다."

시간과 노하우 축적이 필요한 것은 맞지만, 지름길이 아예 없는 것은 아니다.

M&A다. 자동차나 LCD에서 그랬듯 통큰 M&A를 통해 기술과 인력을 동시에 흡수하겠다는 것이다. 중국이 반관반민 기업들을 동원해 반

도체 기업 쇼핑에 나서자 한국을 비롯해 미국과 유럽의 메이커들은 바짝 긴장했다. 경계에 나선 선발 주자들은 방어막을 쌓기 시작했다. 중국이 독일과 미국 반도체 장비업체 인수에 도전했지만 번번히 안보상 이유로 무산된 배경이다. FT는 "서구 국가들이 중국의 인수 · 합병(M&A)에 경계하면서 인재와 기술을 끌어오는 데 어려움을 겪고 있다"고 전했다.

미 · 중 무역전쟁의 포연이 가라앉을 때쯤 중국 정부의 노골적인 지원금 퍼주기 정책에 제동이 걸릴 수 있는 점도 앞날을 낙관하기 어렵게 만드는 요인이다.

반도체는 돈이 많이 드는 분야다. 예를 들어 공정기술 개발 과정에서 해마다 막대한 투자를 요한다. D램의 경우 회로선폭을 줄이면 생산성과 성능을 높일 수 있다.경쟁 업체는 줄였는데 나는 줄이지 않으면 시장에서 자연스럽게 밀려난다. 가격만 놓고 치킨게임이 벌어지는 게 아니다. 공정기술 개발 과정에서도 천문학적 머니게임이 벌어지는 큰판이 반도체다. 작은 업체는 버틸 수 없는 판이다.

FT는 R&D 비용이 급증하면서 중국업체와 세계 선두주자들과의 격차가 더욱 벌어질 것이라고 내다봤다. FT의 설명을 들어보자.

"세계 최대 파운드리(고객사의 반도체 설계도면을 받아 대신 생산해주는 위탁생산업체)인 대만의 TSMC는 최근 R&D에 연매출의 8~9%를 투입할 것이라고 밝혔다. 2018년 기준으로 약 29억 달러에 이른다. 반면 중국 최대 반도체 생산 업체인 SMIC는 2018년 매출의 약 16%를 R&D에 투자했다. 금액상으로는 5억5000만 달러에 불과한 것으로 보인다."

짐 폰타넬리 아르테(Arete)리서치 선임 애널리스트는 FT에 "최첨단 반도체 생산은 매우 어렵다. 지름길이 없다. 심지어 인텔도 어려움을 겪고 있다"며 "출발점은 업계 최고의 엔지니어와 풍부한 R&D 자금이다. TSMC는 둘 다 갖고 있으나 SMIC는 그렇지 않다"고 말했다.

중국 반도체 업계의 또 다른 취약점은 장비다.

최첨단 칩 생산에 들어가는 설비 공급업체 중 선두주자들은 미국 · 네덜란드 · 일본에 있다. 미국의 집중 견제로 최첨단 장비를 사들이기도 녹록치 않은 형편이다. 반면 이들 장비업체는 이미 글로벌 최상위 반도체 회사들과 차세대 칩 생산을 위한 장비를 공동 개발하고 있다. 삼성과 TSMC, 인텔은 지난 2012년 7나노미터 반도체 생산에 필수적인 차세대 노광기(EUV) 개발을 위해 네덜란드 ASML 지분을 공동 인수하는 등 공동전선을 펴고 있다.

반도체 산업은 중국 제조업 구조조정의 절정이자 '중국 제조 2025'의 핵심 결정체다. 정부와 기업이 팀을 이뤄 뛰는 팀차이나의 반도체굴기는 성공할 수 있을까.

베인&컴퍼니의 벨루 신하 파트너는 FT에 "중국이 최종적으로 세계 시장에서 경쟁력 있는 주자로 도약할 것임은 의문의 여지가 없는 시간 문제"라며 "그러나 우리는 1~2년 안에 그런 일이 일어날 것으로 보지 않는다. 중국이 따라잡기까지 5~10년이 걸릴 것"이라고 말했다.

요컨대 팀차이나가 자금력과 정책 · 규제를 총동원해 뛴다 해도 단기간에 실적을 거두기는 어려울 것이란 얘기다. 하지만 시야를 10년 후까지 연장하면 팀차이나의 위력이 본격화될 수도 있다는 말이기도 하다. 10년의 시간은 상대적이다. 우리 산업의 견인차인 반도체가 초격차를 유지하기 위해 이 시간을 어떻게 활용하느냐에 따라 짧을 수도, 충분히 숨 돌릴 수 있는 시간이 될 수도 있다는 얘기다.

중국 반도체를 읽다①

반도체 굴기 선봉 SMIC

위기에 빠진 화웨이를 구할 회사. 이 업체 없으면 화웨이, 스마트폰 못 만든다. 당장은 아니다. 하지만 앞으로는 그렇게 될 가능성이 크다. 화웨이에 대한 미국의 제재가 더 거세질 것이기 때문이다. 그래서 이 회사에 시선이 쏠린다.

어딜까.

중국 SMIC(中芯國際 · 중신궈지)다.

사연은 이렇다. 미국은 2020년 5월 자국 기술을 활용하는 해외 기업이 화웨이에 특정 반도체를 공급할 경우 미국의 허가를 받도록 수출 규정을 개정했다. 이전까진 미국을 제외한 다른 나라의 반도체 기업은 미국 기술 활용도가 25% 아래일 경우 화웨이에 제품을 댈 수 있었다. 이를 완전히 막았다. 화웨이에 매우 큰 타격이다.

왜 그런가. 이미 화웨이는 2019년 제재로 퀄컴 등 미 반도체 기업의 제품을 쓰기 어렵다. 스마트폰에 들어가는 애플리케이션 프로세서(AP) 등 미국산 고품질 제품을 못 쓰게 된 거다.

호구지책으로 자체 반도체 생산을 모색했다. 자회사인 하이실리콘에서 설계한 반도체를 스마트폰과 5G 통신설비에 썼다. 그런데 하이실리콘은 설계전문 회사(팹리스)일 뿐이다. 실제 반도체 생산은 위탁생산(파운드리) 업체인 대만의 TSMC에 거의 다 의존했다.

미국은 이를 이용했다. 대부분의 세계 반도체 업체가 미국의 반도체 설계 소프트웨어와 하드웨어를 일부라도 쓴다. 전문가들은 이번 조치는 사실상 화웨이가 의존하는 TSMC에 "화웨이엔 수출하지 마"란 엄포를 놓은 것이라 해석한다. 실제로 TSMC는 제재 발표 후 화웨이와의 거래를 끊었다. TSMC는 세계 1위 파운드리 회사다.

화웨이는 2위인 삼성전자에도 구원 요청을 했지만 삼성도 미국 눈치를 보며 거절했다. 이 와중에 뜬 것이 바로 SMIC다. 이가 없으면 잇몸으로 버텨야지. 중국 정부의 생각이다. 외국 파운드리에 의지할 수 없다면, 자국 파운드리를 키워 버티겠다는 거다. TSMC와 삼성전자가 이였다면 SMIC가 잇몸인 셈이다.

반도체 리서치 업체인 이사야캐피탈리서치의 에릭 청 최고경영자(CEO)는 홍콩 사우스차이나모닝포스트(SCMP)에 "화웨이가 미 상무부의 '반도체 금수' 조치에 대응해 당장 내년 상반기까지 버틸 수 있는 5G 기지국용 칩을 충분히 비축한 정황이 있다"며 "대만 TSMC에서 공급받던 반도체 물량을 상하이 SMIC로 전환하기 위한 버티기 전략"이라고 말했다.

하지만 이 전략, 말처럼 쉽지 않다. SMIC는 시장 점유율로 보면 세계 5위의 파운드리 회사다. 중국 업체 중 1위다. 하지만 전체 점유율로 보면 미미하다. 2020년 2분기 SMIC의 점유율은 4.8%인 반면, 1위 TSMC(51.5%)와 2위 삼성전자(18.7%)가 70%를 장악하고 있다.

왜 그럴까.

당연히 기술력 차이다. SMIC의 반도체 생산 공정은 최첨단 7나노급이 없다. 14나노 이상 생산 시설만 있다. 이것으론 하이실리콘이 설계하고 TSMC가 만든 치린(麒麟 · 기린)980 AP와 바룽(巴龍)5000 5G 모뎀 칩셋 등을 생산할 수 없다. 치린과 바룽은 화웨이의 플래그십 스마트폰과 5G 통신시설에 들어가는 최신 반도체다. 5나노 공정까지 준비하는 TSMC와 삼성전자에 비하면 큰 격차다.

반도체 분야는 설계와 생산에 수십 년의 연구개발이 필요하다는 평을 받는다. 당장 따라잡는 것이 말처럼 쉽지 않다. 에릭 청 CEO는 "2023년 전까지 프리미엄 스마트폰과 5G 칩에 대해 중국 반도체 기업이 화웨이에 의미 있는 도움을 줄 가능성은 적다"라고 분석한다.

그럼에도 중국 정부는 필사적이다. SMIC에 전폭적 지원을 해 단기간에 TSMC의 대체재로 만든다는 각오다. 2020년 5월과 7월 초고속으로 SMIC가 상하이증권거래소 커촹반(科創板 · 과학혁신판) 상장을 2차례 이룬 것이 단적인 예다. 커촹반은 '상하이판 나스닥'이라 불리는 벤처 기업 전용 증시다. SMIC는 상장으로 532억 위안(약 9조5000억 원)

의 자금을 확보했다.

이뿐이 아니다. 니혼게이자이신문에 따르면 중국 정부가 SMIC를 지원하려고 국고 펀드로부터 2020년에만 22억5000만 달러(약 2조8000억 원)을 투입할 예정이다. 사실상 중국이 SMIC 키우기에 올인한 셈이다.

대만인이 세운 SMIC, TSMC와 무슨 커넥션?

2000년 창업한 SMIC를 세운 건 장루징(張汝京) 전 SMIC 회장이다. 그런데 이 사람 대만인이다. 대만대 기계공학과를 나와 미국에서 석사와 박사 학위를 받은 뒤 미국 반도체 기업 텍사스인스트루먼트에서 20년간 근무한 전문가다. 텍사스인스트루먼트에서 퇴직한 뒤 대만에서 스다반도체를 설립했다. 몇 년 뒤 자신의 회사가 매각되자 이때 보유지분을 팔아 번 돈으로 중국에서 2000년 SMIC를 세운다.

TSMC와의 인연도 남다르다. TSMC 창업자 장중머우(張忠謀) 전 회장은 텍사스인스트루먼트에서 장루징과 함께 근무했다. 이런 인연일까. 반도체 업계에선 SMIC가 기술을 배양하는 시간을 벌어주기 위해, TSMC가 제재 발표 전 화웨이 관련 반도체 칩을 필요한 물량보다 많이 생산해 줌으로써 6개월~1년 치 재고를 확보할 수 있도록 했다는 분석이 나오고 있다.

중국 반도체의 희망 SMIC, 이 회사는 과연 시진핑 국가 주석이 바라는 '반도체 기술 자립'의 꿈을 이뤄낼 수 있을까.

중국 반도체를 읽다②

한국 반도체 타도의 선봉 YMTC

축지법인가.

'땅을 접어 같은 거리를 순식간에 이동하는 도술'처럼 중국 반도체 기술이 세계 수준을 순식간에 따라잡았다는 말이 나오고 있다. 물론 중국이 밝힌 거다.

데이터 저장 용도로 쓰이는 적층형 낸드플래시 메모리 분야가 그렇다고 한다. 전원이 꺼져도 자료가 그대로 남아 데이터의 저장과 삭제가 자유로운 낸드플래시는 스마트폰 저장 장치나 솔리드스테이트드라이브(SSD) 등에 쓰인다.

주인공은 중국 양쯔메모리테크놀로지(YMTC)다. YMTC는 2020년 4월 128단 낸드플래시인 'X2-6070' 샘플을 공개했다. 2019년 64단 낸

©YMTC 홈페이지

YMTC가 생산한다고 밝힌 128단 낸드플래시 모습.

드플래시 제품 양산에 성공한 YMTC는 2020년 말쯤 128단 제품 양산이 가능할 것이라고 선언했다. 2016년 설립된 회사가 4년 만에 세계 최고 수준 기술을 확보했다는 거다.

낸드플래시는 칩 안에 쌓아 올릴 층수가 많을수록 용량이 커지고 활용도가 높아진다. 128단은 현재까지 나온 세계 최고 층수 낸드다. 업계 1위 삼성전자가 2019년 8월 양산을 시작했다. SK하이닉스는 같은 해 6월 양산 기술 개발을 완료했다.

중국 말이 사실이면 한국과의 반도체 기술 격차는 단숨에 약 1년으로 좁혀진 셈이다. YMTC가 32단 양산에 들어간 게 2018년인 걸 생각하면 불과 2년 만에 최고 수준으로 올라섰다는 얘기가 된다.

이런 급속한 발전, 이유가 있다.

YMTC가 중국 반도체 굴기의 상징이라서다. 이 회사의 전신은 후베이성 우한을 기반으로 한 국유기업 XMC다. 중국 기업 칭화유니그룹이 인수해 2016년 YMTC로 재설립했다. 2015년 중국 정부가 반도체 굴기

정책과 반도체 1기 펀드(국가반도체산업투자기금)를 조성했다. 반도체 기술 자립을 위해서다. 그 일환으로 YMTC도 설립됐다. 이후 YMTC는 칭화유니그룹의 전폭적 지원을 받았다.

칭화유니그룹. 칭화대가 지난 1988년 세운 칭화대 과학기술개발총공사가 전신이다. 업계에서는 칭화유니그룹을 중국 정부 산하 공기업으로 본다. YMTC로 향하는 칭화유니그룹의 지원은 사실상 중국 정부가 하는 셈이다.

YMTC는 메모리 반도체 1위 한국, 아니 '타도 삼성전자', '타도 SK하이닉스'의 선봉이다.

2018년 시진핑 중국 국가주석이 YMTC 우한 공장을 방문하고, 이를 계기로 중국 관영 언론에서 YMTC 특별 보도를 한 이유도 여기에 있다.

하지만 업계에선 중국 발표를 그대로 믿지 못한다. 여러 이유가 있다. IT 전문매체 테크노드는 "반도체 산업에서 가장 중요한 것은 수율"이라고 강조한다. 수율은 생산품 중 합격품 비율을 말한다. 수율이 높을수록 시장에 팔 수 있는 물건이 많아져 이익이 커진다.

대만 시장조사기관 트렌드포스의 에이브릴 우 연구원은 테크노드에 "YMTC는 수율과 제품 안정성 측면에서 다른 주류 메모리 제조업체들보다 뒤떨어지고 있다"고 평가했다. 기술을 개발했다고 선언하는 건 아무 소용 없다. 제품 신뢰를 바탕으로 시장에서 팔려야 진짜다.

반중 기류, 미중 무역전쟁도 YMTC 발목을 잡을 수 있다. 우 연구원은 "YMTC가 겪을 최고 어려움은 제조 장비 조달"이라고 본다. 반도

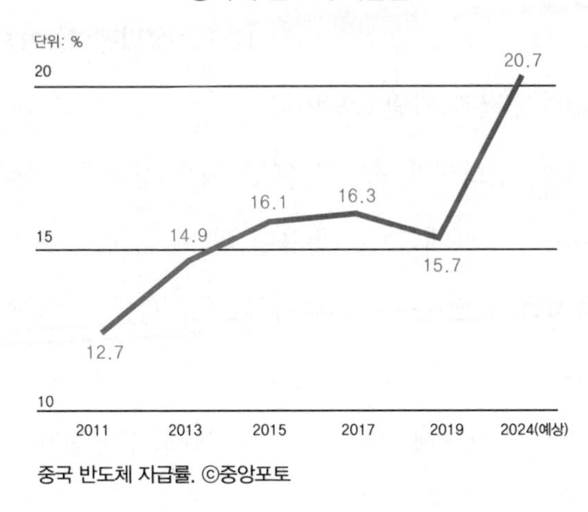

중국 반도체 자급률. ©중앙포토

체 제조 장비는 아무나 만들지 못한다. 우 연구원은 "네덜란드의 더치 ASML이나 미국의 LAM리서치에서 만드는 수십억 달러어치 고가 반도체 생산 장비는 코로나19 영향으로 평소보다 몇 달씩 공급이 밀리고 있다"며 "만일 미국 정부가 해당 장비의 중국 공급을 제재한다면 YMTC엔 큰 타격"이라고 분석했다.

중국의 의지는 굳건하다. 중국 정부는 '중국제조 2025'를 통해 반도체를 육성, 2025년까지 반도체 자급률을 70%까지 높이는 게 지상 목표다. 현재 자급률은 15% 수준에 그치지만, 막대한 투자로 싹수가 보이는 기업에 무제한 지원 중이다.

황민성 삼성증권 수석연구원은 "중국은 반도체 개발을 국가적 과제로 선정하고 참여 인력도 국가 사명으로 여기며 속도전을 펼치고 있다"

며 "마치 한국이 초기 반도체 진입 때 보인 열정 같다"고 평가했다.

중국은 한국의 길을 따라가려 한다. 한국은 반도체 불모지였던 1980년대, 국가지원에 기업의 열정을 더해 전선에 나섰다. 이를 바탕으로 당시 세계 최고 수준이었던 일본 반도체 기술을 다양한 경로로 벤치마킹했고, 이후 급속 성장해 일본을 따돌리고 세계 최고 자리에 올랐다.

더구나 낸드플래시는 또 다른 메모리 반도체인 D램보다 기술 진입 장벽이 상대적으로 낮다. 중국이 앞으로도 낸드에 집중 투자를 이어갈 확률이 높은 이유다.

부족한 기술을 메우는 데 가장 필요한 것은 결국 사람이다. 황민성 연구원은 "반도체 후발 업체는 개발 난도가 높아지고 투자 자금이 커지면서 선도 업체 추격이 어렵다"며 "격차를 넘기 위해 경험 있는 인력이 절대적으로 필요할 것"이라고 분석한다.

한국 반도체 인력의 중국 유출이 줄었다고는 하지만, 여전히 중국은 한국 인력에 군침을 흘리고 있다. 최근 장원기 전 삼성전자 사장이 중국 에스윈에 가려다 여론 비판에 이를 철회한 것이 그 예다. 업계에선 중국이 이외에도 특허 도용이나 자국 정부의 세제 지원 등을 바탕으로 한 '패스트 팔로잉' 전략을 펼칠 거란 전망도 한다.

별다른 방법은 없다. 한국이 살 길은 기술 초격차 유지뿐이다. 삼성전자는 2020년 하반기에 160단 이상 7세대 수직구조 낸드(V낸드)를 공개할 것으로 알려졌다. 나아가 176단 낸드 개발에도 나서고 있다. SK하이닉스도 176단 4차원(4D) 낸드를 연구하고 있다.

황 연구원은 "한국의 기술 개발이 느려질 경우, 격차는 좁혀지고 한국이 점유율을 잃어갈 수 있다" 며 "원가 차이를 유지 또는 벌려갈 선행 기술 개발이 최우선 과제"라고 지적했다.

중국 반도체를 읽다③
집요한 중국, D램 자립 꿈 안 버렸다

중국이 D램을 만든다고?

2019년 9월, 한국 반도체 업계가 술렁거렸다. 중국 창신메모리테크놀로지(CXMT)가 D램 반도체를 양산해 판매하겠다고 선언해서다. 주이밍 CXMT 회장은 "8GB DDR4와 LPDDR4를 연내에 12만 개 양산할 것"이라고 발표했다. DDR4는 PC나 노트북용, LPDDR4는 스마트폰용 반도체다. 이게 진짜면 중국 반도체 굴기(崛起) 야망은 한 걸음 실현된 거다. 중국이 상업용 D램 대량생산을 해본 적은 없기 때문이다.

1년 가까이 흐른 지금, CXMT의 말은 아직은 '허언'에 가깝다. 시장 판매 실적이 보이지 않는다.

물론 새빨간 거짓말이라 볼 수는 없다. 중국과 대만 매체에 관련 보

CXMT가 홈페이지에 공개한 DDR4 반도체.
©CXMT

도가 이어진다. 2020년 2월 중국 IT 매체인 테크웹은 "CXMT가 D램 반도체 양산·판매를 시작했다"고 전했다. 대만 디지타임스도 CXMT가 2020년 안에 17나노 D램을 양산할 계획이라고 보도했다. 최근엔 중국 현지 납품업체 품질 테스트를 통과했다는 소식도 들린다. 그래도 공식 납품 계약 소식은 안 들린다.

이를 두고 ▶중국 특유의 허세, ▶제조 공정 불안정, ▶수율 등 생산 품질 저하, ▶제품 테스트 중 등 다양한 해석이 나온다.

한국 업계의 현재 결론은 대략 이렇다.

중국 수준으론 아무리 빨라도 2020년 안에 D램 생산은 힘들다. 생산을 해도 기술력은 한국에 한참 뒤진다.

오만한 게 아니다. D램은 한국 반도체의 텃밭, 핵심 먹거리다. 삼성전자와 SK하이닉스의 세계 시장 점유율을 합치면 70%를 넘는다. 기술력이 압도적이란 거다.

그에 비해 중국에 D램은 난공불락 분야다. 오죽하면 중국이 D램을 양산한다는 게 뉴스가 될까. 기술 수준을 떠나 시장에 내놓을 D램을 만드는 일조차 중국엔 어려운 일이란 얘기다.

메모리 반도체 특성을 알면 이해가 간다. 데이터를 저장하는 메모리 반도체, 양대 산맥은 D램과 낸드플래시다. D램(RAM)은 'Dynamic Random Access Memory'의 약자다. 데이터를 임시로 기억한다. 낸드플래시와 달리 내부 구조가 복잡하다. 그래서 조그마한 D램 칩에 고용량의 저장 구조를 만들려면 낸드보다 훨씬 어렵다. 중국이 낸드플래시 반도체는 만들어 팔아도 D램 대량생산은 어려워하는 이유다.

그래도 중국은 D램에 집착했다. 자체 기술이 안 되면 돈으로 회사를 사는 '특유의 방법'을 썼다. 2015년 칭화유니그룹이 미국 마이크론 인수를 추진했다. 하지만 미국 정부 견제로 무산됐다. 마이크론은 삼성전자, SK하이닉스에 이은 3위 D램 생산업체다.

대만 파운드리 UMC와 함께 D램 생산을 준비해 온 푸젠진화도 미국 정부가 '기술 탈취' 문제를 제기하며 반도체 제조 장비 수출을 차단하면서 생산 길이 막혔다. 여기에 UMC도 미국의 압박으로 관련 조직을 해체했다. 이에 업계에선 갖은 좌절을 겪은 중국이 D램보다 기술발전 가능성이 큰 시스템반도체와 낸드플래시에 주력할 것이라고 예상했다.

하지만 중국, 집요하다. 미련을 안 버렸다. CXMT만 D램 개발에 나서는 게 아니다. 큰 좌절을 겪은 푸젠진화는 최근 D램 분야 연구개발 인력 채용공고를 내고 반도체 기술 전문업체와 컨설팅 계약을 맺었다.

중국 팹리스(반도체 설계) 기업 기가디바이스가 독자 기술 D램 개발에 43억 2400만 위안(약 7300억 원)을 투자한다는 보도도 나왔다.

D램은 전원이 꺼지면 데이터가 사라지는 대신 데이터 처리 속도가 빠르다. D램이 컴퓨팅 메모리(데스크탑, 노트북 등), 모바일 D램(스마트폰, 태블릿PC 등), 그래픽 D램(그래픽카드 및 게임기 등에 사용), 서버용 D램, 컨슈머 D램(디지털TV, 셋톱박스, 내비게이션 등), 사물인터넷 등에 쓰이는 이유다. D램이 괜히 '산업의 쌀'이라 불리는 게 아니다.

그런데 이 제품들, 중국이 군침 흘리는 것이다. 중국이 기술 굴기를 위해 내세우는 게 뭔가. 4차 산업혁명이다. 5G 통신망과 틱톡, 위챗, 알리페이 등 디지털 플랫폼을 무기 삼아 세계를 호령하고 싶어 한다. 빠른 속도로 데이터를 처리하는 D램은 필수다. 중국이 2016년 반도체 굴기를 내세운 뒤부터 갖은 실패에도 불구하고 D램에 집착하는 이유다.

물론 중국의 기술은 아직 멀었다. CXMT가 생산한다고 발표한 8GB DDR4와 스마트폰용 2 · 4 GB LPDDR4X는 삼성전자와 SK하이닉스의 주력 제품과는 최소 한 세대 이상 차이가 난다.

하지만 중국의 집념은 경계 대상이다. 푸젠진화는 2019년 4월 홈페이지에 '10년 이상 삼성전자, SK하이닉스 엔지니어 근무 경험자 찾는다'는 공고를 냈다. 해당 사실이 한국 언론에 보도되자 삭제했다.

국제반도체장비재료협회(SEMI)에 따르면 2020년과 2021년 전 세계 반도체 장비 투자 예상액 중 중국의 비율은 17.3%와 16.6%로 세계 1위다. 큰 차이가 나지는 않지만 한국은 대만에 이어 3위다.

아시아타임즈는 중국이 대만을 침공한다면 그 이유를 '반도체'라고 볼 정도다. "중국의 대만 침공으로 미국이 입을 가장 큰 피해는 정치 · 군사 · 지정학이 아닌 반도체"이고 "중국 공산당이 대만 TSMC에 관리를 파견해 핵심 기술을 다 빼내 갈 거다"라고 예상한다.

중국, 반도체 분야에서 한국이 절대 경계를 늦춰선 안 되는 존재다.

중국 반도체를 읽다④
핵 옵션 꺼낸 미국, 버티는 화웨이, 결말은?

숨구멍을 다 막았다. 호흡은 불가능하다. 남은 산소를 다 쓰면 진짜로 끝이다.

화웨이, 정확히 말하면 화웨이 반도체 이야기다. 도널드 트럼프 행정부가 화웨이의 '반도체 숨구멍'을 막으려 혈안이다.

2020년 8월 미국 상무부는 "화웨이가 미국 소프트웨어나 기술로 개발 또는 생산한 외국산 칩(반도체)을 구입하는 것을 제한하도록 규정을 개정했다"고 밝혔다. 치명타다.

왜 그런가. 화웨이와 미국 정부의 제재 '숨바꼭질'을 대화로 보면 알 수 있다.

화웨이: "미국 반도체 사서 쓰지 말라고?"

미국: "응. 하지마."(2019년 5월)

화웨이: "그럼 내가 직접 설계한 반도체를 외국 업체에 생산을 맡겨 만들어 쓰면 되지."

미국: "그것도 안 돼."(2020년 5월)

화웨이: "좋아, 자체 반도체 생산 포기할게. 대신 미국 이외 완제품 반도체 사서 쓸거야."

미국: "그것도 안 돼. 미국 기술 들어간 제품이면 사면 안 돼."(2020년 8월)

화웨이: "미국 기술 안 들어간 반도체가 어디 있어. 우리는 반도체 아예 쓰지 말라는 거야?"

미국: "빙고."

화웨이: "말도 안 돼! 그런 게 어디 있어!"

미국: "여기 있지. 불만이면 미국 기술 0%인 채로 반도체 만들어 써."

자세히 보면 이렇다. 2019년 5월 미국은 인텔과 퀄컴 등 자국 반도체 회사가 화웨이에 제품을 공급하지 못하도록 했다. "화웨이가 미국인 개인 정보를 중국 공산당에 빼돌린다"는 이유였다.

그러자 화웨이는 다른 방법을 썼다. 자회사 하이실리콘을 통해 반도체를 독자 설계하고, 대만 파운드리 업체 TSMC에서 만들었다. 이에 미 정부는 2020년 5월 TSMC 등 화웨이 반도체를 위탁생산하는 업체도 제재했다.

화웨이는 수를 냈다. 중저가용 반도체 업체인 대만 미디어텍을 통해 완제품 반도체를 샀다. 한편에선 자체 스마트폰 애플리케이션 프로세서(AP) '기린' 생산 중단을 선언했다. 대신 트럼프 행정부에 화웨이와 거래를 허가해달라고 로비 중인 퀄컴과의 협력을 기대했다.

2020년 8월 상무부의 조치는 이런 화웨이의 기대에 찬물을 끼얹었다. 오히려 제재 범위를 넓혀 미디어텍 거래까지 끊은 셈이다.

반도체 원천기술, 반도체 생산 장비와 소프트웨어 대부분이 미국산이라 가능했다. 미 정부는 이런 '기득권'을 철저히 활용했다. 윌버 로스 상무장관이 "화웨이는 제3자를 거치는 방식으로 (미국산 기술을 사용한 부품을 구매하는) 조치를 취했다"며 "이젠 구멍을 막겠다"고 말한 이유다. 사용을 원하면 라이선스를 받으면 된다고 했지만, 이런 분위기에서 화웨이에 거래를 허가해줄 확률은 거의 없다.

결국 화웨이의 반도체 공급 루트는 사실상 다 막혔다. 자국 파운드리 SMIC는 아직 고품질 반도체 생산 기술이 없다. 더구나 SMIC도 미국 기술과 장비를 써야 한다. 제재에 자유롭지 못하다는 얘기다.

화웨이는 회사 존망까지 걱정해야 한다. 고품질 AP를 안정적으로 수급하지 못한다면 스마트폰 경쟁력은 삼성이나 애플은커녕 오포나 비보 등 중국 업체보다도 앞설 수 없다. 여기에 5G 통신망, 서버 등에 들어가는 프로세서 역시 공급망 붕괴가 뻔하다. 내년이나 내후년 재고가 다 떨어지면 정말로 사업을 접을 수도 있다.

파이낸셜타임스(FT)가 "이번 제재는 스마트폰과 통신장비를 만드는 화웨이에게 '죽음'을 의미한다"고 평하고, "미국이 화웨이에 '핵(核) 옵션' '치명타'를 날렸다"(블룸버그통신 · CNN)는 분석이 나오는 이유다.

미 정부로서도 쉬운 결정은 아니다. 당장 자국 반도체 업계가 아우성이다. 미 반도체산업협회(SIA)는 8월 미 상무부 제재 발표 직후 "반도체 거래에 대한 광범위한 규제는 산업에 막대한 혼란을 초래할 것"이라며 "중국에 민감하지 않은 상용 반도체를 판매하는 건 미국 반도체 연구와 혁신을 촉진하고, 미국 경제력과 국가 안보의 핵심"이라고 주장했다.

이유가 있다. FT에 따르면 엔비디아, 텍사스인스트루먼트, 퀄컴, 인텔, 브로드컴 등 5개 미국 반도체 기업 매출의 25%~50%는 중국에 의존하고 있다. 그럼에도 트럼프의 화웨이 고사 작전은 멈출 기미가 안 보인다. 마이크 폼페이오 미 국무장관은 트위터에 "화웨이와 억압적인 중국 공산당에 직접적인 타격을 날렸다"고 대놓고 말한다.

당장 걱정은 한국이다.

화웨이는 삼성전자와 SK하이닉스의 주력인 메모리(낸드플래시와 D램) 분야 주요 고객이다. 그동안 화웨이 제재는 비메모리(시스템) 위주로 진행됐다. 하지만 FT는 "이번 제재 대상엔 메모리 반도체도 들어갈 것"이라고 전망한다.

자국 기업의 부담도 감수하고 화웨이 죽이기에 나선 미국이다. 2020년 5월 TSMC에게 그랬던 것처럼 미국이 삼성과 SK에 화웨이와 손을 떼라 요구할 수 있다.

순순히 물러날 중국도 아니다. '화웨이 살리기'에 한국의 동참을 요구할 수 있다. 시진핑 주석 방한의 대가로 말이다.

화웨이 죽이기가 남 일이 아닌 이유다. 선택의 순간이 다가오고 있다.

중국 반도체를 읽다⑤

우리가 오만했다… 중국 '반도체 대부'의 반성

반도체 제조업체 룽신중커(龍芯中科)의 후웨이우(胡偉武) 회장. 중국 반도체의 '대부' 다. 지난 2001년 중국 최초의 국산 중앙처리창치(CPU) '룽신(龍芯) 1호'를 만들었다. 당시 중국과학원(中國科學院) 컴퓨터 기술연구소 수석 연구원으로 개발을 책임졌다. 그해 8월 '우리의 CPU(我們的CPU)'란 글을 써 연구 과정도 직접 설명했다.

이 글이 중국 온라인에서 공유되고 있다. 미국의 반도체 제재로 화웨이를 비롯한 중국 IT 업계가 힘들기 때문이다. 후웨이우의 글을 보며 중국 반도체 '자립의 기억'을 떠올리는 이가 많다고 한다.

중국 관영언론이 화제의 인물을 놓치지 않았다. 인민일보(人民日報)가 발행하는 시사잡지 환구인물(環球人物)은 후웨이우와의 인터뷰 기

ⓒ환구인물

환구인물과 지난 10월 인터뷰 중인 후웨이우 룽신중커 회장.

사를 2020년 10월 20일 공개했다. 환구인물은 미국의 화웨이 제재, 차보쯔(卡脖子 · 두 손으로 목조르기, 즉 중국 산업을 압박하는 미국의 핵심 기술)를 확보할 전략 등을 후웨이우에게 물었다.

후 회장은 중국 반도체가 오만했다고 본다. 그는 반도체 연구를 건축에 비유한다. 후 회장은 "(중국 사람들은) 이미 3층을 다 지었다고 생각하지만 (중국은) 1층과 2층은 만들지도 않았다"고 지적했다. 풀어서 이야기하자면 이런 것이다.

"중국은 고성능 칩을 설계(3층)할 수 있게 됐다고 우쭐댔다. 화웨이의 자회사 하이실리콘이 대표적이다. 하지만 생산 능력(2층)과 반도체 장비(1층)는 외국에 의존했다. 세계 1, 2위 파운드리(반도체 위탁생산 업체) 대만 TSMC와 한국 삼성전자가 외면하고, 미국 반도체 장비를 사용할 길이 막히자 속수무책으로 당했다."

©환구인물

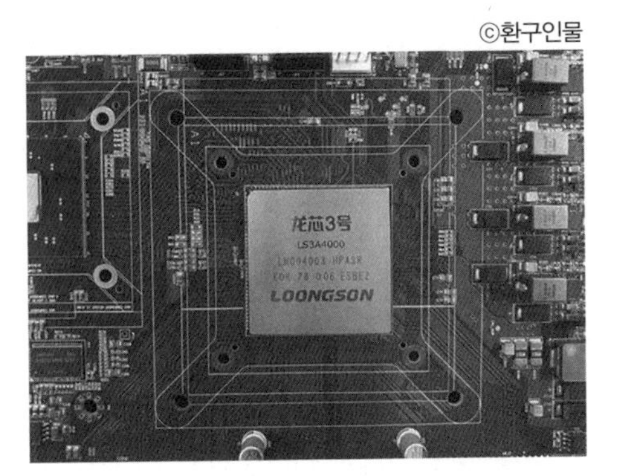

중국의 국산 CPU 룽신 3호. ©환구인물

기초도 없는데 무슨 최첨단 기술 개발이냐. 이게 후 회장 생각이다. 그는 "반도체 회로 집적 기술에서 중국은 3나노(nm · 1나노는 10억 분의 1m, 숫자가 작을수록 고난도), 5나노를 개발할 생각을 하지 말자"고 했다. 그것보다 "14나노, 아니 28나노 수준에서라도 자체 생산할 수 있는 산업 생태계를 구축하는 게 더 효과적"이라고 봤다.

능력도 없는데 최첨단 기술로 미국을 앞서겠다는 허상에 빠지지 말라는 거다. 후 회장은 2~5년 죽어라 기초 기술을 쌓아야 운 좋으면 3~5년 뒤 차보즈 확보가 가능할 거라고 했다. 반도체 개발뿐 아니라 기업도 경영해온 후웨이우다. 2008년 중국과학원이 세운 회사 룽신중커의 CEO를 맡아 룽신 2호와 3호 개발과 시판에 나섰다. 그의 지적이 중국 사회에 남다르게 받아들여질 수 있는 이유다.

후웨이우 같은 생각, 중국 정부도 하는 것 같다. 중국 국가발전개혁위원회(발개위)의 멍웨이(孟瑋) 대변인은 10월 20일 "경험, 기술, 인력이 없는 '3무(無)' 기업이 집적회로(반도체) 산업에 뛰어들고, 지방이 맹

목적으로 프로젝트를 지원해 수준 저하와 중복 투자 위험이 두드러지고 있다"며 "일부 지방에서 맹목적으로 프로젝트를 진행해 중대 손실이나 위험을 초래한 경우 문책할 것"이라고 밝혔다. "무턱대고 돈을 들이부어 투자하면 개발되겠지"란 순진한 생각은 하지 않겠다는 거다.

중국은 미국과의 기술 전쟁을 장기전으로 본다. 중국 공산당 중앙당교 기관지인 학습시보 덩위원 전 부편집장은 홍콩 사우스차이나모닝포스트(SCMP)에 "중국 5중전회에서 나오는 14차(2021~2025년) 5개년 경제계획(14.5계획) 초안은 미국과의 장기전을 위한 계획으로 채워질 것"이라고 말했다. 실제로 10월 29일 5중전회에서 발표된 14.5계획과 2035년까지 장기 경제 목표의 골자는 '쌍순환(雙循環)'이었다. 쌍순환은 중국 경제의 두 축인 국내대순환(내수)과 국제대순환(수출)을 가리키는 말이다. 하지만 실제는 국내대순환을 중심으로 경제 성장을 이루자는 얘기다.

한계를 드러내는 수출주도형 성장 모델 때문이다. 코로나19 여파로 교역이 위축됐다. 무엇보다 미국의 강력한 '기술 제재'에 반도체 등 첨단산업 근간이 휘청인다. 이에 중국은 '농성전(籠城戰 · 문을 굳게 닫고 성을 지키는 전투)'을 택했다. 미국 공격을 버텨내며 재빨리 기술 자립을 이루겠다는 것이 쌍순환의 핵심이다.

장기전에 버틸 체력은 내수가 만든다. 국내 시장 진작을 통해 마라톤 싸움에 영양분을 공급할 생각이다. 영양분을 자체적으로 만들 수 있다는 게 중국 지도부 판단이다.

중국은 14억 인구와 넓은 땅으로 세계 최대 단일 시장을 갖고 있다.

아편전쟁 직후 100여 년간 구매력과 수준 등에서 세계에 뒤처졌다. 하지만 1978년 개혁개방에 시동을 건 뒤 폭발적으로 추격했다. 이젠 질과 규모가 해외에 맞설 만하다는 게 시진핑 중국 국가주석 생각이다. 중국인이 해외에 쓰는 돈을 국내에서 쓰게 하고, 국내 생산의 부가가치도 더 높아지면 국내 시장만으로 성장이 가능하다고 보는 거다.

다만 불완전하다. 중국산이라도 속은 해외 부품 · 기술인 물건이 너무 많다. 미국이 제재를 하면 꼼짝없이 당한다. '중국제조 2025(2025년까지 10대 핵심 산업의 부품 및 소재 국산화율을 70%까지 끌어올리는 것)'가 이뤄져야 한다.

덩 전 부편집장은 "중국은 미국과 직접 대결을 피하고 시간 벌기에 나설 것"이라고 전망했다. 미국과 대등한 위치에 올랐다고 판단될 때 반격을 할 거라는 얘기다.

'중국제조 2025' 등은 미국을 추월하겠다는 노골적 메시지가 있어 미국의 전방위 압박을 받아 왔다. 이로 인해 화웨이 제재 사태 등을 겪은 중국이다. 이번 14.5계획에선 직접적으로 미국을 도발하는 정책을 내놓진 않았다.

그럼에도 반격을 준비 중이다. 중국 국무원 산하 싱크탱크 국무원발전연구센터(DRC)는 반격이 가능한 시점을 12년 뒤로 봤다. 유럽을 7년 안에 추월하고 2032년이면 미국과 어깨를 나란히 할 것이라는 생각이다.

그중 반도체는 중국이 미국에 반격하기 위해 반드시 극복해야 할 분야다. 현재로선 미중 반도체 전쟁에서 중국의 완패다. 후 회장의 반성

©바이두바이커

난징반도체대학

도 이를 반영한다.

중요한 건 중국에서도 허세와 거품을 걷고 밑바닥부터 시작하겠다는 생각이 엿보이고 있다는 점이다.

최근 중국이 세운 반도체 대학이 그 예시다. 10월 22일 중국 장쑤성 난징에서 개교한 '난징반도체대학(南京集成電路大學)'이다. 반도체 인재 육성과 교육만을 담당하는 교육기관이다. 중국 국가전용반도체연구소센터 책임자이자 둥난(東南)대학 수석 교수인 스룽싱(時龍興)이 총장으로 취임했다.

중국의 '버티며 기초 닦기' 전략. 과연 미국의 강공을 막아낼 수 있을까.

5

답은 늘 문제 속에 있다

중국의 길, 한국의 길

'BTS 안마 의자' 이야기

궁하면 변해야 한다(窮則變).

변해야 통하고(變則通),

통해야 지속된다(通則久).

주역(周易)의 진리다. '궁즉통(窮則通)', '변통(變通)'이라는 말이 거기서 나왔다. 안팎으로 점점 더 궁색해지는 현실, 어찌 변하지 않고 살 수 있겠는가? 변해야 산다!

중국 비즈니스도 변한다.

1990년대=중국 저임금과의 결합 시기

한중 수교(1992)와 함께 양국 간 비즈니스가 본격화됐다. 큰 흐름은 중국으로 공장을 옮기는 것이었다. 신발, 인형, 보석 가공 공장… 모두 중국으로 갔다. 대신 우리나라에서는 중국 현지 공장에서 쓸 원부자재를 만들어 수출했다.

2000년대=중국 제조능력과의 결합 시기

중국의 WTO 가입(2001년)이 계기였다. 중국은 세계공장으로 부상했다. 한 해 수출이 20% 안팎 늘었다. 중국이 세계공장이었다면, 우리는 그 공장에 부품(중간재)을 대는 공급 센터였다. 중간재 공급은 내 공장뿐만 아니라 중국 내 다른 공장으로 확산됐다. 한중 경제협력은 폭발적으로 성장했다.

2010년대=중국 소비력과의 결합 시기

2008년 세계 금융위기는 역설적으로 '중국의 부상'이라는 결과를 가져왔다. 중국은 프랑스, 영국, 독일 등을 제치더니 급기야 2010년 일본을 밀어내고 넘버투가 됐다. 구매력이 높아졌고, 소비시장이 커졌다. 한국 비즈니스맨들은 중국 소비시장에 주목했다. 한류 문화 상품이 중국에서 히트했고, 화장품이 엄청 팔렸다. 유커(중국 여행객)가 한국에 밀려온 것도 주목할 만했다.

그게 2017년 사드 사태 이전까지 중국 비즈니스의 큰 흐름이다.

자, 이젠 현재 상황을 보자. 한중 경제협력 현장에는 여전히 빨간불

©김경빈

안마의자에 디자인과 마케팅을 접목해 시장을 평정한 강소기업 '바디프랜드'.
이 회사 디자이너들이 기획 회의를 하고 있다.

이 들어와 있다. 사드 여파가 완전히 가시지 않은 까닭이다. 여기에 코로나19까지 겹쳤다. 점점 궁색해지고 있다.

궁하면? 변해야 한다. 그래야 통하고, 오래 지속된다. 어떻게 변할 것인가?

BTS가 안마 의자에 앉아 있다. 브랜드를 보니 '바디프랜드'다. 글로벌 최고 스타가 파는 제품, 와 얼마나 팔리기에…. 아마 지금도 엄청나게 팔리고 있을 게다. 그런데 그 제품, 중국에서 만들었다.

'클럭(klug)'이라는 개인용 미니 마사지기 브랜드가 있다. 인터넷에 보면 광고 엄청 나온다. 처음에는 검정색 단추 같은 제품 하나 팔더니만 이제는 제품도 다양해졌다. 그것도 중국에서 만들었다. '메이드 인 차이나'라는 얘기다.

"결국, 중국 제품 가져다 팔라는 거네? 그게 중국 비즈니스의 뉴 트렌드야? 에라, 이 사이비 전문가야."

비웃을지 모른다. 하지만 그렇게 볼 일만도 아니다. 애플은 핸드폰과 PC를 모두 중국에서 만든다. 아이폰을 두고 "에이, 중국산이네"라고 하는 사람 봤던가? 애플은 고유 기술로 제품을 기획하고, 마케팅한다. 그리고 생산은 중국에서 한다. 'BTS 안마 의자'나, '클릭' 역시 기본적으로는 같은 비즈니스 모델이다.

사드, 코로나19 속에서도 물밑 움직임은 있다.

인터넷 전자상거래 사이트 뒤져봐라. 제품은 좋은 것 같은데, 값은 좀 싸다 싶으면 여지없이 중국 제품이다. 이른바 '가성비 제품'이다. 해외직구가 늘면서 중국 가성비 제품은 물밀듯 쏟아져 들어오고 있다. 이러다 한국 중소기업 다 망할 판이다.

그런데 조금 더 생각해보면, 당할 수밖에 없는 구조다. 생활 소비용품은 대부분 중소 기업이 만든다. 그런데 우리나라 중소기업은 한국 시장에 그다지 관심이 없다. 오로지 대기업만 쳐다볼 뿐이다. 대기업-중소기업 하청 구조라서 그렇다.

그러니 우리나라에는 변변한 전기면도기 브랜드가 없다. 시장에 가보면 안다. 필립스, 브라운, 파나소닉… 외제 일색이다. 강력한 로컬 브랜드가 없는 시장, 그 틈을 중국 가성비 제품이 파고들고 있다.

그래서 샤오미는 이렇게 말한다. "한국 시장은 쉽다." 그러니 우리의 처지는 더 궁색해진다.

'BTS 안마 의자'에서 변통(變通)의 단초를 찾아야 한다. 기술력을 바탕으로 제품을 기획하고, 마케팅할 수 있어야 한다. 제품은 중국에서 생산하는 게 좋다. 중국만큼 제조 환경을 갖춘 곳이 또 어디에 있단 말인가. 그렇게 만든 제품을 중국에서도 팔고, 한국에서도 팔고, 다른 나라에도 팔면 된다. 애플이 그렇게 하고 있지 않는가.

그냥 단순히 중국 제품만 가져다 판다면 우리 소비시장은 중국에 매몰될 수밖에 없다. 아주 가까운 시간에 말이다. 성공한 'BTS 안마 의자'가 많이 나와야 한다. 그래야 돈도 벌 수 있고, 중국 가성비 제품의 습격도 막아낼 수 있다.

2020년대, 중국 비즈니스는 어떤 모습이어야 할까. 중국의 제조능력, 그리고 소비시장과의 전방위 결합 시기다. 중국 비즈니스는 모름지기 기술력과 기획력을 갖춘 마케터가 주도하는 시기가 될 것이다. BTS 안마 의자는 바로 그 트렌드를 보여준다.

시장을 사지 말고,
기업을 사라!

쾌속 성장이었다. 1999년 쩡위췬이 설립한 ATL은 금세 배터리 업계에 돌풍을 몰고 왔다. 애플이 받아줬기 때문이다. 핸드폰 배터리는 만드는 족족 애플이 사 갔다. 아이폰의 성장이 곧 ATL의 성장이었다. 광둥성 둥관에 이어 푸젠(福建)성 닝더(寧德)에도 공장을 지었다.

어떻게 그렇게 확 컸지? 그 까다로운 애플의 기술 표준을 어떻게 만족할 수 있었을까?

답은 TDK였다.

ATL은 일본 전기 · 전자 부품 업체인 TDK의 기술을 자양분으로 쑥쑥 컸다. 그냥 기술 제휴 수준이 아니다. 2005년 ATL은 TDK 자회사로 편입된다. TDK가 ATL의 주식 100%를 인수한 것이다. 매입가 1억 달

상하이로 간 테슬라. 2020년 1월부터 상하이 '기가 팩토리'에서 3개 모델의 전기차를 생산하고 있다. 중국에서도 배터리 수급 등에 문제가 없다. 2019년 11월 상하이에서 열린 '중국 수입박람회'에 나온 테슬라.

러. 제법 잘 팔았다. 결과적으로 TDK는 대박을 쳤다.

2011년 쩡위췬은 새로운 사업에 도전한다. 핸드폰은 됐다, 이젠 자동차 배터리다. 그래서 그해 12월 닝더에 세운 회사가 바로 CATL이다. 영어로는 'Contemporary Amperex Technology Co. Limited', 중국어로는 '寧德時代(닝더스다이)'다. ATL은 형, CATL은 동생 격이다.

TDK도 같이 왔다. TDK는 CATL의 주식 15%를 투자했다. 물론 CATL의 핵심 배터리 기술선은 역시 TDK다.

그런데 2018년 6월 CATL이 선전(深圳)증시에 상장할 때 주주 명부에 TDK는 없었다. 중국 언론은 '순수 중국 회사'라고 말했다. TDK가 돈을 빼기라도 했단 말인가?

노(NO), 그렇지 않다.

돈이 되는데 쉽게 나갈 리 있겠는가.

TDK가 갖고 있던 CATL의 지분 권리는 2015년 닝보롄창(寧波聯創)

이라는 회사로 넘어간다. '배터리 생산 업체에 외국인 투자는 안 된다' 라는 정부 규정을 피하기 위한 포석이었다. 닝보롄촹은 쩡위췬의 개인 투자회사. 현재 CATL 전체 지분의 7.5%, 유통주식의 13%를 소유하고 있는 회사다. 증시에서는 'TDK의 지분 15%는 얼굴만 바뀌었을 뿐 여전히 CATL에 살아 있다'라고 본다. TDK와의 인연은 길다.

'시장을 사지 말고, 기업을 사라.'

그랬다. TDK는 단순히 기술을 파는 데서 끝나지 않고 기업을 샀다. 대박이다. 배당도 받고, 기술 로열티도 챙긴다. 게다가 제품 유통에도 관여한다. 상하이에 있는 TDK 자회사인 상하이웨취안(上海月泉)이 CATL의 해외 유통에 관여한다. CATL이 잘나가면 잘나갈수록 TDK가 뒤에서 웃는 구조다.

그렇게 TDK는 급성장하고 있는 중국 배터리 산업에 올라탈 수 있었다. 초기 시장이 아니라 기업을 샀기에 가능했던 얘기다. 물론 기술 주도권이 있기에 가능한 얘기다.

그런 면에서 우리는 바보다. 우리는 기술이 있어도 당장 돈에 눈이 멀어 시장만 사려 했지, 긴 안목으로 기업을 사지는 못했다. 굴러온 복덩어리를 차기도 했다.

"모든 길은 위챗으로 통한다."

중국 인터넷 얘기다. SNS 할 때도, 물건 살 때도, 택시 탈 때도, 값 치를 때도, 심지어 회사 홍보도 그들은 위챗으로 한다. 위챗을 만든 회사가 텐센트다. 이젠 넘볼 수도 없는 어마어마한 인터넷 제국이다.

누가 오늘의 텐센트를 만들었는가?

한국 기업이다. 한국 기업이 오늘의 위챗 제국을 만드는 데 한몫 톡톡히 했다. 그 내역을 추적해 보자.

텐센트는 전체 매출이 우리 돈으로 약 20조 원 정도 된다. 이 중 절반이 게임에서 나온다. 게임의 성공이 오늘의 텐센트를 만들었다.

그 성공의 발판은 한국 게임이었다.

2000년대 초, 필자가 베이징/상하이 특파원으로 일하던 때였다. 당시 한국 게임이 중국을 강타했다. 선풍적인 인기였다. '미르의 전설'이라는 온라인게임이 대표 주자였다. 한국 게임은 가져가면 대박이었다. 중국 게임 업체는 한국 게임을 잡기 위해 혈안이 되어 있었다.

작은 게임 퍼블리셔였던 텐센트 역시 '한국에서 가져갈 게임이 없을까' 하고 기웃거렸다.

텐센트는 2007년 그다지 두각을 보이지 않던 온라인 PC게임 '크로스파이어'를 중국으로 가져갔다. 대박이었다. 동시 사용자가 400만 명을 넘겼다. 최대 동시 접속자 수 420만 명은 온라인게임 역사상 최고의 기록으로 기네스북에 등재돼 있단다.

텐센트는 지금도 이 게임으로 한 해 1조 이상의 수익을 내고 있다. 여기에 또 다른 한국 게임인 '던전앤파이터'가 히트를 치면서 텐센트의 주 수입원이 됐다. 지금 한국 게임에 관심을 두는 이유가 거기에 있다. 아예 된다 싶은 게임은, 회사를 통째로 사들이기도 한다. 모두 15개 업체를 사들이거나, 투자했다.

텐센트의 위상은 달라졌다. 우리 기업들은 이제 '내 것 중국에서 뿌려달라'며 사달라고 애걸해야 할 처지다.

아쉽다.

힘 있을 때 시장을 사지 말고, 기업을 사야 했다. '게임 파는 데 그치지 않고 지분을 받아뒀더라면…' 하는 아쉬움이 남는다. 게임 관련 회사를 같이 만드는 것도 방법이었을 것이다. TDK가 ATL을 사고, 정부 규제를 피해 가면서 CATL 지분 15%를 확보했듯 말이다.

기회가 없었다고?

아니다. 중국 게임 유통 회사들이 한국 게임을 잡으려 혈안이 되어 있던 2001년, 텐센트는 돈이 없었다. 투자를 받아야 했다. 한국 기업에게도 투자 제의가 있었다. 당시 상하이에서 활동하던 업계 관계자의 얘기다.

"넥슨, 위메이드, NHN 등 한국 게임 회사들이 맹렬하게 활동하던 때였다. 텐센트는 지분을 줘서라도 게임을 사고 싶어 했다. 그러나 한국 기업들은 이 작은 회사를 눈여겨보지 않았다. '짝퉁 게임이나 돌리는 회사' 정도로 생각했다. 게임 로열티를 돈이 아닌 지분으로 받는다는 생각 자체가 없었다."

이걸 낚아챈 게 바로 남아공의 미디어그룹 내스퍼스(Naspers)다. 2001년 우리 돈 약 350억 원을 투자해 텐센트 지분 46.5%를 인수했다. 초대박이다. 내스퍼스는 2018년 텐센트 지분 2%포인트를 매각, 지분율을 33.2%에서 31.2%로 낮추었다. 당시 매각 대금이 얼마였는지 아시는가?

98억 달러였다. 지분 2%를 팔아 챙긴 돈이 약 우리 돈 11조 5000억 원에 달한 셈이다.

시장을 사느냐, 기업을 사느냐의 차이는 이렇게 크다.

기업을 샀던 TDK는 중국이 전기차 배터리 분야에서 훨훨 날 때 CATL의 등에 탔지만, 시장을 사는 데 급급했던 한국 게임 업체들은 오히려 중국 기업에 자신을 사달라고 애걸해야 할 처지가 됐다.

"시장을 사지 말고, 기업을 사라. 중국 경제가 어렵고, 잘나가던 민영기업들이 자금난에 봉착해 어려움을 겪고 있는 지금이 기업을 살 기회다. 시진핑의 당 건설에 숨막혀 하는 IT 기업도 많다. 자금력이 있다면, 기술력이 받쳐준다면 지금 중국 기업 시장을 노려볼 때다."

물론 쉽지 않은 일이다. 탁상공론일 수도 있다. 그러나 포기할 수 없는 길이기도 하다. 한국 기업을 선택할 수밖에 없는 제휴 조건을 만든다면 승산은 있다.

합류하라, 이길 수 없다면

"갈 것이냐, 말 것이냐."

2017년 하반기 우리 디스플레이업계를 뜨겁게 달궜던 논쟁이다. LG디스플레이의 OLED 광저우(廣州)공장 투자 얘기다. LG는 약 5조 원을 들여 광저우에 OLED공장을 짓기로 하고 산업부에 투자 승인을 요구했다. 그러나 정부와 학계 일부의 반발에 부딪혔다. '기술만 유출되니 가지 말아야 한다'는 주장과 '중국 시장 공략을 위해 꼭 필요하다'는 LG의 입장이 맞선 것이다. 결론은 '고(Go)였다'. 정부는 2017년 12월 LG의 계획을 승인했고, 사업은 진행 중이다.

이미 지난 일을 다시 끄집어내는 것은 그 논란에 한중 경제협력의 중요한 함의가 담겨 있기 때문이다. 추적해보자.

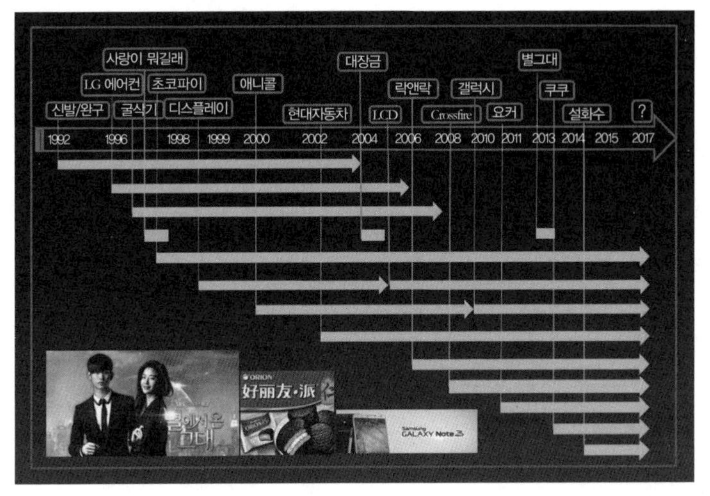

중국에서 히트 친 한국 브랜드

위 그래픽을 보자. 1992년 수교 이후 중국 시장에서 히트 친 한국 브랜드를 조사해봤다.

수교 직후인 1990년대 초 중국 비즈니스의 최고 히트 상품은 '신발공장'이었다. 임가공공장이 가장 먼저 중국 시장으로 달려가 돈을 벌었다. 1990년대 중반의 백색가전과 건설기계, 2000년대 초의 자동차, 2009년부터 본격적으로 몰려오기 시작한 '유커(遊客)', 2010년대 들어 등장한 생활용품, 그리고 화장품 등에 이르기까지 우리 브랜드의 중국 시장 진출 상황이 일목요연하게 보인다.

중요한 결론을 하나 얻게 된다. 브랜드의 생멸(生滅)을 보면 '중국에서 10년을 버티기 힘들다'는 점이다. 1990년대 중반에 맹렬하게 활동했던 임가공공장은 대략 10년 후인 2000년대 중반 들어 고전을 면치 못했다. 중국 기업의 약진에 설 땅을 잃어간 것이다. 중국에 진출한 임가공공장들이 몸만 빠져나오는 '야반도주' 현상이 문제된 게 대략 2007년부터다.

그런 식이다. 1990년대 말 히트 상품이었던 백색가전 역시 10년을 견디지 못하고 중국 시장에서 대부분 나와야 했고, 1990년대 후반 한때 중국 시장의 약 40%까지 차지했던 굴착기는 2010년 중반 이후 로컬 기업에 밀려 쪼그라들 수밖에 없었다. 중국 기업이 우리나라 기술을 따라잡는 데 대략 10년 정도 걸린다는 얘기가 가능하다. 최근 들어 그 주기는 더 짧아지고 있다.

그런데 '10년의 벽'을 깬 브랜드가 몇 개 있다. 그중 대표적인 게 바로 디스플레이 분야다. 우리 기업은 1990년대 중반부터 10년간 TV나 컴퓨터에 쓰는 디스플레이(당시에는 브라운관)시장을 장악했다. 삼성과 LG의 시장점유율이 50%를 넘을 때도 있었다. 말 그대로 중국 시장을 '먹었다'. 중국에 컬러TV, 데스크톱 컴퓨터 보급 붐이 일면서 두 회사는 떼돈을 벌었다.

그 시장을 중국 기업이 보고만 있을 리 없다. 죽어라 쫓아왔다. 2000년대 중반이 되면서 중국 기업에 거의 잡혔다. 그러나 바로 이때 우리 기업은 LCD로 갈아타는 데 성공, 중국 시장에서 '생명 연장'의 전기를 마련하게 된다. 브라운관을 실어 나르던 유통망에 LCD를 얹어 판 것이다. LCD 모니터, LCD TV 시장을 또 먹을 수 있었다. 그렇게 우리는 LCD로 10년 더 중국 시장을 장악하다시피 했다.

중국 기업이 가만히 있겠는가? 또 죽어라 쫓아왔다. 현대전자의 LCD 부문을 인수해 탄생한 BOE가 대표적인 회사다. 또다시 10년, 이제는 LCD시장도 중국에 넘겨줘야 할 판이다. LCD 생산 1위 나라는 한국이 아닌 중국으로 바뀌었다. 국내 LCD 신규 투자는 2010년 이후 중단됐다. 중국 기업의 가성비를 도저히 따라갈 수 없기 때문이다.

젖과 꿀이 흐르던 중국 디스플레이시장, 여기가 끝인가? 이제 시장을 나와야 하는가?

아니다. 우리에게는 또 다른 병기인 OLED가 있다. 브라운관의 한계를 LCD가 돌파했듯, LCD의 한계는 OLED로 뚫을 수 있어야 한다. 그게 성공한다면 앞으로 10년 또 중국 시장을 먹을 것이요, 그렇지 않다면 중국 시장에서 나와야 한다.

최근 《한 · 중 · 일 경제 삼국지 1, 2》를 펴낸 안현호 한국산업기술대 총장(전 지식경제부 차관)의 답을 들어보자. 그는 한국 산업지도를 가장 잘 그려내는 전문가로 통한다.

"중국은 전 세계 디스플레이 수요의 50%가 발생하는 곳이다. 굴지의 디스플레이업체들이 죽어라 중국으로 몰려드는 이유다. 시장이 있는 곳으로 공장을 옮기는 건 너무 당연하다. 게다가 디스플레이산업은 기본적으로 규모의 경제가 경쟁력을 좌우하게 된다. 이게 의미하는 건 무엇인가? 거대 시장 중국으로 가 규모의 경제 이점을 누려야 한다는 얘기다."

우리나라에서 만들어 중국에 수출할 수도 있다. 그러나 한국에서 만들어 배에 실어 보내는 것과 현지에서 만들어 트럭으로 보내는 게 같을 리 있겠는가?

결국은 서플라이 체인 문제다. 중국에서 형성되고 있는 자국 내 기업

간 공급사슬(이를 흔히 홍색 공급망, '레드 서플라이 체인'이라고도 한다)에 끼어들어야 한다. 공장이 시장으로 달려가는 건 당연한 일이다.

그래도 걱정은 남는다. "광저우로 가면 우리 기술 다 넘어가는 거 아녀?"라는 문제 말이다.

우리가 어떻게 OLED 분야에서 앞설 수 있게 됐는지를 봐야 한다.

삼성은 스마트폰에 쓰는 중소형 패널에, LG는 TV에 쓰는 대형 패널에 집중하고 있다. 엄청난 기술이라고? 완제품을 깔끔하게 만들어내니 그럴 수도 있다. 그러나 디스플레이산업의 블랙박스 기술인 소재와 장비를 보면 얘기는 달라진다. 이 분야는 일본 기업들이 장악하고 있다. 우리 기업들도 첨단 소재와 장비는 모두 일본에서 들여온다.

다시 안현호 총장의 얘기다.

"우리 기술이 경쟁력을 가질 수 있었던 건 기업의 과감한 선제 투자에 있었다. 그래서 일본을 추월했다. 반도체와 디스플레이가 대표적인

ⓒ이매진차이나

BOE는 LCD를 넘어 OLED 영역에서도 국내 업체를 맹추격하고 있다.

사례다. 경쟁력은 제조공정 혁신을 통한 생산 효율의 최적화였다. 그런데 지금 이 모델은 중국에서 작동 중이다. 기업은 정부와 어깨동무를 하고 기술 혁신에 박차를 가한다. 정부의 전폭적인 지원을 받고 있는 BOE 등 중국 대표 기업의 기술은 무섭다."

우리가 안 준다고 따라오지 못할 중국이던가. 그들은 갖은 수단을 동원해서 한국 기술 인력을 빼내가고, 기술을 카피한다. 우리가 일본에서 한 걸 그대로 한다. 게다가 그들에게는 대륙에서 직장을 얻고자 하는 우수한 대만 인력도 있다.

최근 보도를 보자.

"중국 최대 디스플레이기업인 BOE가 2017년 10월 첫 모바일용 OLED 양산에 들어간다. 당초 빨라야 내년부터나 가능할 것이라는 국내 디스플레이업계의 전망을 크게 앞지른 일정이다. BOE의 부상으로 전 세계 모바일용 OLED시장의 90%를 점유하는 삼성디스플레이의 독주에도 제동이 걸릴 가능성도 제기된다."(조선비즈, 2017. 9. 27)

물론 LG가 광저우로 가면 디스플레이 기술 유출 속도가 빨라질 수도 있다. 그러나 그건 다른 방법으로 해결해야 할 문제다. 그 기술이 세계 수요의 50%를 차지하고 있는 중국 시장을 포기하면서까지 지켜야 할 것인지는 다시 생각해봐야 한다. 시장이 없는 기술이 무슨 소용이 있단 말인가.

중국에서 돈 벌어 그 돈으로 다시 R&D 투자하고, 기술을 더 업그레이드하고, 업그레이드된 기술로 다시 중국 시장 먹고, 이런 선순환 구조가 이뤄져야 한다. 그게 이제까지 우리가 중국 디스플레이시장을 먹을 수 있었던 핵심 요인이다.

2000년대 초 이뤄진 하이닉스(현재 SK하이닉스)의 중국 진출 때와 비슷하다. 당시에도 하이닉스가 중국으로 가면 한국 반도체 기술이 몽땅 중국으로 넘어갈 것이라는 우려가 팽배했다. 경쟁사인 삼성이 언론플레이를 했던 기억이 생생하게 떠오른다. 지금 어떻게 되었는가? 우리 반도체 기술이 중국으로 몽땅 넘어갔는가? 오히려 삼성은 더 큰 규모로 시안(西安)에 공장을 짓지 않았던가? 기술에 대한 자신감이 없다면 중국 시장은 그림의 떡일 뿐이다. 그 자신감은 문 닫아놓고 지키는 데서 나오는 게 아니라 추가 개발의 역량에서 비롯된다.

삼성은 왜 시안으로 가야 했는가? 시장이 그곳 중국에 있기 때문이다. 중국에서 형성되고 있는 그들만의 서플라이 체인에 끼어들기 위해서 갔다. 거기서 소외되면 세계 최대의 생산단지이자 세계 최대의 시장에서 밀려날 것이기 때문이다.

중국이 '세계공장'이라면 한국은 그 세계공장에 기술을 제공하는 R&D센터가 되어야 한다. 중국이 '세계 시장'이라면 한국은 그 시장에 팔 물건을 디자인하는 거대한 디자인센터가 되어야 한다. 그래야만 살길이 있다.

"중국을 이길 수 없다면 그들의 성장에 합류하라."

《메가트렌드》의 저자 존 나이스비트가 한 말이다.

답은 'SOFT CHINA'에 있다

13억 인구를 바탕으로 한 거대한 생산력은 중국을 세계 최대 수출국이자 최대 제조업의 나라로 만들었다. 세계 2위 경제 대국이 그 성적표다. 그 경제에 근본적인 변화가 일어나고 있다. '만드는 나라'에서 '소비도 하는 나라'로 산업구조가 바뀌고 있다.

'제조업 시대'의 13억 중국 인구는 '노동력(labor force)'으로서의 의미가 강했다. 그 인구는 이제 구매력(purchasing power)으로 형질이 변하고 있다. 세계 어느 나라보다 두터운 중산층이 형성되고 있고, 소비의 고급화가 진행되고 있다. 미국의 저명한 중국 경제 전문가 니컬러스 라디 피터슨 국제경제연구소(PIIE) 선임연구원의 말대로 지난 30여 년, 13억 인구는 노동력으로 세계의 경제 판도를 바꿔왔지만 앞으로는 구매력으로 세계 경제 지형도를 다시 한 번 흔들어놓을 것이다.

통계로도 확인된다. 중국의 GDP 대비 제조업 비중은 2000년 45.5%에서 현재 40% 아래로 낮아졌다. 반면 서비스산업은 같은 기간 39.8%에서 51%를 웃돌고 있다. 2013년부터 서비스산업 비중이 제조업 비중을 넘어섰다. 소비 주도의 질적 성장 전략이 효력을 발휘하고 있는 것이다. 이 추세는 시간이 갈수록 더 강화될 것이다. 중국 경제는 어쨌거나 매년 6~7%씩 성장하는 시장이니까 말이다.

우리의 대중국 비즈니스 패러다임도 바뀌어야 한다. 제조업 시대엔 '어떻게 하면 중국에서 싸게 생산할 것인가?'만 고민하면 됐지만, 소비의 시대를 맞아선 '어떻게 하면 그들에게 비싸게 팔 것인가?'를 연구해야 한다. 그동안 대중국 비즈니스의 주력은 철강 · 기계 · 석유화학 · 자동차 등 제조업 위주였다. 이제 선수를 교체해야 한다. 소비시장을 겨냥한 새로운 '소프트' 상품을 비즈니스 전면에 내세워야 한다. 필자는 'S · O · F · T · C · H · I · N · A(소프트 차이나)'를 제안한다. 소비시대 중국을 겨냥한 새로운 주력 비즈니스 분야다.

©중앙일보

Style: 패션

'매력'도 상품이다. 중국 소비자들에게 맵시(스타일)를 팔아야 한다. 동력은 K패션이다.

중국은 세계에서 옷을 가장 싸게 만드는 나라다. 우리가 당할 수 없다. 그러나 디자인 분야는 해볼 만하다. 지금도 수많은 중국 디자이너가 동대문 상가를 돌며 디자인을 베끼느라 눈동자를 굴리는 이유다. 중국 2위 전자상거래업체인 JD닷컴의 천완(陳婉) 패션 · 가구 담당 총경리는 인천에서 열린 구매설명회에서 "소량 다품종 옷을 생산하는 동대문 패션 생태계는 중국으로선 상상도 할 수 없는 것"이라며 "전자상거래와 가장 잘 어울리는 시스템"이라고 말했다. K패션과 중국 전자상거래 플랫폼의 결합에 기회가 있다는 지적이다.

O2O: 인터넷 모바일

중국에선 지금 인터넷 모바일혁명이 진행 중이다. 'O2O(Online to Offline, 온 · 오프라인 연계)'는 이를 상징하는 키워드다. 7억 명에 육박하는 모바일 인터넷 사용자가 그 기반이다.

모바일혁명이 기존의 유통시스템을 뿌리째 흔들어놓고 있다. 제품등록, 주문, 결제, 배송 등의 과정이 모두 인터넷 O2O 플랫폼에서 이뤄진다. 이를 활용하면 우리 기업이 중국 사업에서 가장 취약한 부분인 유통채널 문제를 해결할 수도 있다. 인터넷 비즈니스의 핵심인 결제를 원활하게 해야 한다. 중국의 결제시스템과 연동해 한국과 중국을 오가며 물건을 살 수 있어야 한다.

Film & Drama: 영화·드라마

한국 영화와 드라마가 중국인들을 사로잡은 건 오래전의 일이다. 음악이 한류의 진원지였다면, 영화와 드라마는 한류를 산업 전체로 퍼뜨린 주역이다. 드라마 〈사랑이 뭐길래〉(1992년)는 중국 가전시장에서 한국 제품 돌풍을 일으켰고, 〈대장금〉(2003년)은 현대자동차가 중국 시장에 정착하는 데 힘을 보탰다. 〈별에서 온 그대〉(2013년)는 한국 화장품을 중국 시장에 퍼뜨린 으뜸 공로자다. CGV는 급성장하고 있는 중국 영화시장을 노리고 있다. 현재 영화관 63개, 스크린 503개를 운영 중이다. 박근태 CJ대한통운 사장은 "중국 영화시장은 매년 50% 이상씩 성장하고 있다"며 "우리의 제작 편집 노하우를 잘 활용한다면 기회는 무궁하다"고 말한다.

Tour: 유커 비즈니스

관광은 확장성이 높은 분야다. 항공 · 호텔 · 카지노 · 면세점 · 화장품 · 의류 등 관련 분야가 '유커' 특수 업종으로 분류된다. 심지어 안경 · 생리대 · 과자 등으로 확산 중이다.

유커가 손을 대는 품목의 기업은 대박이다. 유커는 노령화로 인해 위축되고 있는 국내 소비시장을 부추길 힘이다. 산업 차원으로 바라봐야 한다는 얘기다. 저가 덤핑 관광이 아닌 고급 자유 여행객 유치로 서비스의 부가가치를 높여야 한다. 국내 관광인프라를 꾸준히 개선해야 할 이유다.

Cosmetic: 화장품·성형

"중국 시장 공략에 성공한다면 중소기업은 일약 중견기업으로 성장할 수 있고, 중견기업은 대기업 반열에 오를 수 있다".

이를 단적으로 보여준 분야가 바로 화장품이다. 중국 소비자들은 아모레퍼시픽이라는 평범한 중견기업을 국내 증시 시가총액 톱랭킹 수준의 대기업으로 키웠다. 2016년 한국 화장품업계는 10조 원 생산, 1조 원 수출을 달성했다. 중국 시장이 있었기에 가능했던 얘기다.

화장품의 인기는 성형수술로 이어져 의료 관광객 유치에도 힘을 보태고 있다. 마스크팩 전문업체인 L&P코스메틱의 차대익 사장은 "화장품은 아름다움을 버무려 파는 문화상품"이라며 "중국 소비자에게 다가갈 유통시스템을 잘 짠다면 우리나라 화장품은 오랫동안 경쟁력을 유지할 수 있을 것"이라고 말했다.

Health: 헬스케어

중국 소비자들의 소득 수준이 높아지면서 믿고 사용할 수 있는 위생 · 보건 상품에 대한 수요도 늘고 있다. 특히 고령화 시대를 맞아 실버시장이 주목받고 있다. 이미 많은 중국인이 건강검진, 임플란트 시술, 암 치료 등을 위해 한국 병원을 찾고 있다. 연세대 세브란스병원이 칭다오에 대규모 병원을 설립하는 등 의료시장이 새로운 비즈니스 영역으로 등장하고 있다. 한국무역협회 통상연구실은 보고서를 통해 "중국인들의 헬스케어 지출 규모는 1인당 GDP 대비 5.6%로 아직 선진국 수준의 절반에 불과하다"며 "의료서비스 및 의료기기, 보건용품, 실버

타운 등의 분야를 적극 공략할 필요가 있다"고 강조했다.

Infant: 유아시장

한미약품은 중국에서 '아동 전문업체'로 불릴 만하다. 이 회사가 만든 어린이 강장제인 '마미아이', 어린이 기침감기약인 '이탄징' 등이 해당 시장을 주도하고 있기 때문이다. KOTRA 중국사업단의 정환우 박사는 "산아제한정책 폐지, 바링허우(80後. 1980년대 이후 출생) 세대의 출산 연령대 진입 등으로 유아시장이 폭발적으로 늘어나고 있다"며 "어린이 전문업체가 아니더라도 자사 분야의 유아시장에서 무엇을 팔 수 있을지 고민해야 한다"고 말했다. 분유, 영유아 전용 세제, 기저귀, 아동복 등이 대표적인 수혜 제품군으로 꼽힌다. 중국에서는 서울 인구와 맞먹는 약 1,000만 명의 신생아가 매년 태어난다는 점을 감안해야 한다.

eNtertainment: 게임·놀이 문화

소비시장에서 '여가(餘暇)'는 돈이다. 그들의 여가 시간을 빼앗아야 한다. 한국의 게임은 오래전부터 중국 청소년들의 여가 시간을 파고들었다. 2001년 온라인게임 '미르의 전설'에서 시작해 '크로스파이어', '던전앤파이터' 등의 히트작을 냈다. 창업보육센터인 디캠프의 김광현 센터장은 "중국 자본이 밀려오면서 한국 게임업계의 위기감이 고조되고 있지만 우리 젊은이들의 창의력이라면 충분히 이겨낼 수 있다"며 "지금 중요한 건 그들이 마음껏 창작활동을 할 수 있도록 제작 환경을 조성해 주는 것"이라고 강조했다. 한국의 역동적인 문화가 살아 있는 '난타'와 같은 공연 기획물들도 중국인들의 여가를 공략할 수 있는 무기다.

Agri-: 농수산품 및 먹거리

농수산물 분야는 한중 FTA에서 가장 피해를 많이 보는 영역으로 꼽힌다. 그러나 오히려 그곳에 기회가 있다. 한국의 신선우유가 중국 엄마들 사이에서 히트를 치고 있는 사실이 이를 보여준다. 삼계탕도 수출된다. 머지않아 중국인들의 식탁을 파고들 명품 김치 브랜드도 나올 수 있다. 중국에서만 한 해 약 7억 개가 팔리는 초코파이가 보여주듯, 과자도 경쟁력을 갖출 수 있는 상품이다. 청정 한국 돼지고기는 가공만 잘하면 고가 브랜드로 개발할 수 있다. 발상을 전환하면 비즈니스가 보인다.

차이나 브리핑

초코파이는 왜 짝퉁이 없을까

'짝퉁' 하면 중국이 떠오를 정도로 중국엔 가짜가 많다. 초기에는 단순히 상표를 베낀 조잡한 물건을 내놓더니 이제는 정품 못지않은 고품질 제품을 만들고 있다. 명품 가방, 지갑, 화장품, 심지어 자동차도 짝퉁을 내놓는다.

그런데 초코파이는 중국에서도 짝퉁이 없다. 싸고 맛있기 때문이다. 그 가격으로는 도저히 짝퉁을 만들 수 없는 것이다.

우리는 중국 비즈니스에서 '시간'이라는 요소를 감안해야 한다. 혁신 제품도 중국에서는 너무 빠르게 일반 상품이 된다. 중국 업체들이 금방 따라잡기 때문이다. 그렇게 우리의 많은 제품이 현지 짝퉁 기업들에 기술을 잡혔다. 그다음의 '시간차 공격'은 가격이다. 기술을 습득한 그들은 가격을 갖고 덤빈다. 락앤락, 갤럭시, 현대자동차 등이 고전하는 이유다.

5년, 10년 길게 보고 중국 비즈니스를 해야 한다. 중국은 처음에는 조잡한 짝퉁을 만들다 결국 기술을 따라잡는다. 머지않아 그 기술은 일반화된다. 바로 그때 우리 사업의 성패가 결정된다. 핵심은 그들과 싸워 이길 수 있는 가격이다. 이 단계에 가면 기술도 중요하지만, 더 필요한 건 가격 현지화다. 현지 기업들이 범접할 수 없는 가격을 제시해야 한다. 코카콜라, 맥도날드처럼 말이다. 그게 바로 갤럭시는 안 되고 초코파이는 되는 이유다. 가격 현지화, 현지화의 완성이다.

얄밉고, 부럽고, 무섭고…

얄밉다. 부럽다. 괘씸하다. 무섭기까지 하다. 지금의 중국이 그렇다.

그들은 코로나19 방역에 앞선 듯하다. 노(no) 마스크다. 직장에서도, 학교에서도, 백화점에서도, 프로축구 경기장에서도, 마스크 많이 안 쓴다. 베이징, 상하이 등 주요 도시 상가에서는 '소비 축제'가 열린다. 심지어 역병이 시작된 우한에서는 대규모 야외 맥주 파티가 열린다. 세계는 지금도 하루 수만 명이 새로 코로나에 걸려 신음하고 있는데, 중국은 정상에 가까운 일상을 즐긴다.

그냥 만든 건 아니다. 그들은 치열했고, 치밀했고, 때로는 치사하게 방역에 나섰다. 도시를 봉쇄할 때는 개미새끼 한 마리 드나들지 못하도록 막았다. 확진자가 거리에 나오지 못하도록 각 마을에는 '자경단'이 등장하기도 했다. 옆 집 대문에 못질을 하는 이웃도 있었다.

물론 코로나19는 아직 진행 중이다. 그러나 감염 지표로 볼 때 2020

년 초 중국은 코로나바이러스 '원흉'이었으나, 2020년 말 중국은 세계에서 가장 안전한 피항지가 됐다.

그들 정부가 통계를 조작할 수도 있다. 그러나 사람은 믿어야 한다. 중국에 있는 필자의 친구들은 하나같이 "중국은 이제 괜찮다"고 말한다. 베이징, 상하이에 남아 있는 한국인 비즈니스맨들도 "여기는 훨씬 안전한 것 같다"고 전한다. 다시 확산될 수도 있다. 그러나 지금 이 시간, 중국이 역병을 통제하고 있다는 건 확실해 보인다.

이게 어떤 결과를 낳을까?

올 세계 경제는 '마이너스' 성장을 피할 수 없게 됐다. 미국 −8%, 유럽 −10.2%, 일본 −5.8%…. IMF의 올 GDP 성장률(전년 동기대비) 예상치다. 선방하고 있다는 한국은 −2.1%다.

앗! 그런데 플러스를 낙관하는 나라가 있으니, 중국이다. 중국 경제는 이미 플러스로 돌아섰다. 1분기 −6.8%로 추락한 경제는 2분기 3.2%, 3분기에는 4.9%의 V반등에 성공했다. 2020년 전체적으로 플러스 성장은 문제 없어 보인다.

국책은행 다니는 한 친구는 말한다. "이러다 중국 경제가 미국 잡는 해(year)가 더 빨라지는 것 아녀?" 왜 아니겠는가. 코로나는 그렇게 세계 경제 판도를 확 바꿔놓고 있다.

중국 공산당 수뇌부가 또 움직였다. 2020년 9월 열린 공산당 19기 중앙위 5차 전체회의(흔히 19기 5중전회)는 폐막 후 '공보(公報)'를 내놨다.

필자의 눈길을 잡은 공보 속 한 단어가 있다. '강국(强國)'이 그것이다. 읊어보면 이렇다.

문화강국, 교육강국, 인재강국, 체육강국, 과기강국, 제조강국, 질량강국, 인터넷강국, 교통강국….

"인재강국 건설로 과학기술 강국을 건설하자"라는 식이다.

'강국'

그게 지금 중국 공산당의 생각이다. "이만큼 커졌으니, 이젠 그만큼 강해져야 한다"라는 사로(思路, way of thinking)다. 트럼프와 전쟁을 치르면서 '강해져야 한다'는 절박함이 그들의 생각 깊숙이 파고들었을 터다.

중국 공산당에게는 두 개의 100년 목표가 있다. 공산당 설립 100년 되는 2021년 '전면적 샤오캉사회'를 실현하는 게 첫 번째 목표다. 공보는 2020년 첫 100년 목표를 이미 달성했다고 선언했다.

이젠 두 번째 목표를 남겨놓고 있다. 신중국 건설 100년이 되는

2049년 '부강한 사회주의 현대화 강국'을 만들자는 것이다. 좀 더 현실적으로 말하면 미국을 능가하는 슈퍼파워가 되겠다는 목표다.

2049년은 너무 멀다. 30년이나 남았다. 그래서 기간을 반토막으로 갈랐다. 2021년부터 2035년까지 15년 동안을 '기초적인 사회주의 현대화 국가 실현' 단계로 나눴다. 강국의 토대를 쌓는 게 이 기간의 목표다. 공보 속 그 많은 '强國'은 그 다짐이다.

어떻게?

경제 분야만 따로 본다면, 자립경제 구축이다. 서방 시장에 의존하지 않아도, 서방 기술에 의존하지 않아도 자력갱생할 수 있는 시스템을 구축하자는 것이다. '쌍순환(Double Circulation)', '자주창신(自主創新)'이 그 키워드다.

앞으로 15년, 그들은 국내 시장을 키우고 과학기술 혁신을 이루어내기 위해 총력을 기울일 것이다. 그게 쌍순환이고, 자주창신이다. 외교도 그렇고, 경제도 그렇고, 과학기술도 그렇고, 문화도 그렇다. 그들은 이제 모든 영역에서 '강국 프로젝트'를 추진할 것이다. 이번 19기 5중전회 '공보'는 그 속내를 여실히 드러내고 있다.

그래서 중국은 얄밉다가도 부럽고, 부러우면서도 괘씸하고, 또 무섭다.

차이나 인사이트 2021

초판 1쇄 발행_ 2020년 12월 10일

지은이_ 한우덕, 정용환, 김경미, 이승호, 홍성현
펴낸이_ 이성수
주간_ 김미성
편집장_ 황영선
편집_ 이경은, 이홍우, 이효주
마케팅_ 김현관
제작_ 김주범
디자인_ 진혜리

펴낸곳_ 올림
주소_ 04117 서울시 마포구 마포대로21길 46, 2층
등록_ 2000년 3월 30일 제300-2000-192호(구:제20-183호)
전화_ 02-720-3131
팩스_ 02-6499-0898
이메일_ pom4u@naver.com
홈페이지_ http://cafe.naver.com/ollimbooks

ISBN 979-11-6262-040-3 03320

이 도서의 국립중앙도서관 출판예정도서목록(CIP)은 서지정보유통지원시스템 홈페이지(http://seoji.nl.go.kr)와 국가자료공동목록시스템(http://www.nl.go.kr/kolisnet)에서 이용하실 수 있습니다.(CIP제어번호 : CIP2020049549)